U0905771

山东省人文社会科学课题（19-ZG-GL-02）
山东省社会科学规划项目数字山东专项（20CSDJ62）

社会资本对乡村旅游开发效应影响及启示研究

——以文化差异为视角

李秀　吕臣◎著

图书在版编目（CIP）数据

社会资本对乡村旅游开发效应影响及启示研究：以文化差异为视角／李秀，吕臣著．—北京：企业管理出版社，2020.12

ISBN 978－7－5164－2278－6

Ⅰ．①社…　Ⅱ．①李…　②吕…　Ⅲ．①社会资本—影响—乡村旅游—旅游资源开发—研究—中国　Ⅳ．①F592.3

中国版本图书馆 CIP 数据核字（2020）第 202819 号

书　　名：社会资本对乡村旅游开发效应影响及启示研究
——以文化差异为视角

作　　者：李　秀　吕　臣

责任编辑：刘一玲　崔立凯

书　　号：ISBN 978－7－5164－2278－6

出版发行：企业管理出版社

地　　址：北京市海淀区紫竹院南路 17 号　　**邮　　编**：100048

网　　址：http：//www.emph.cn

电　　话：编辑部（010）68701322　发行部（010）68414644

电子信箱：LiuYiLing0434@163.com

印　　刷：北京虎彩文化传播有限公司

经　　销：新华书店

规　　格：710 毫米×1000 毫米　16 开本　14.25 印张　210 千字

版　　次：2020 年 12 月第 1 版　　2020 年 12 月第 1 次印刷

定　　价：58.00 元

本书系以下资助项目的阶段性研究成果

山东省人文社会科学课题《山东省体旅企业合作模式创新及运行机制研究》(19－ZG－GL－02)

山东省高等学校青创人才引育计划项目《旅游业投资风险与管理创新》(95)

山东省社会科学规划数字山东研究专项《大数据·人工智能与中小企业深度融合路径与机制研究》(20CSDJ62)

山东省高校旅游与资源环境重点实验室资助项目阶段性研究成果

前　言

国家通过发展乡村旅游推动农村经济、社会、文化发展。20世纪80年代中期到现在，中国的乡村旅游经历了初创期、发展期、扩张期和升级期。自2007年起，国家旅游局等部门为了响应贯彻落实党中央和国务院的号召，着重开始发展乡村旅游产业。2014年8月21日国务院发布的《关于促进旅游业改革发展的若干意见》（国发〔2014〕31号）文件中明确表示，依托当地区位条件、资源特色和市场需求，挖掘文化内涵，发挥生态优势，突出乡村特点，开发一批形式多样、特色鲜明的乡村旅游产品。中国社科院在2017年发布的《中国乡村旅游发展指数报告》中指出：2016年进入“大乡村旅游时代”，乡村旅游发展规模大、投资大、影响大，已成为人们新的生活方式。在2019年7月农业农村部印发的《关于进一步做好贫困地区集体经济薄弱村发展提升工作的通知》中明确指出，农村各地区需因地制宜，指导经济薄弱村的产业经济发展，利用生态环境、人文历史等资源发展休闲农业和乡村旅游。

乡村旅游存在巨大消费市场，为其发展提供商机。中国乡村旅游主要分布在大中城市的周边、大型景区的周边地区和边远地区，其中，城市周边乡村由于区位条件好、交通便利、出游费用低等优势，成为中国城市居民节假日休闲度假的主要方式之一。因此，城市周边乡村旅游发展的速度较快。但是与发达国家乡村旅游相比，还存在着规划不合理、缺乏协作、缺乏专业人才等一些突出问题。

社会资本不仅在促进国家、地区经济发展方面起到了很大作用，而且对乡村旅游发展也具有重要意义。社会资本区别于物质资本、人力资本，它内在于人与人之间的关系网络之中，由协作、网络、规范、信赖等要素构成。区域社会形成社会资本的程度不同，则该地区的经济成果与非经济成果的发展将会呈现出不同的面貌。一些旅游领域的相关研究也表明，社会资本对旅游目的地旅游开发的经济性成果和非经济性成果皆有影响。另外，在对社会资本的比较研究中发现，不同地区社会资本对该地区发展的影响程度不一。在这些文献研究中，虽然将社会资本影响力具有的显著差异归结为文化差异的结果，但并未对其实证分析，只停留在推测阶段，说明文化差异应用较为普遍的理论是霍夫斯泰德的“文化维度理论”。在该理论中，霍夫斯泰德将文化分成5个维度，并指出文化通过影响人的心理活动进而对人的行为产生影响。因此，本书基于文化维度理论对不同地区社会资本如何影响该地区旅游开发成果进行了比较研究。

全书共八章：

第一章　引论。主要从实践与理论的角度提出了研究社会资本、旅游开发成果、文化差异之间关系的意义，以及为了验证三者之间的关系需要运用的思路、逻辑框架和具体方法。

第二章　社会资本相关文献研究。围绕本章研究主题，针对社会资本的定义、特性、作用、构成要素及社会资本理论应用等进行了文献综述，完成了社会资本理论相关内容的逻辑梳理与综合讨论。

第三章　旅游开发成果相关文献研究。首先，对经济社会发展指标的概念、分类及使用方法进行了探讨；其次，对旅游开发成果的概念、分类、评价指标等进行了综述；最后，构建了社会资本对旅游开发成果之间的理论框架，为提出假设1奠定了理论基础。

第四章　文化倾向与发展成果的关系。本章主要对霍夫斯泰德文化维度理论的内容及其应用进行了整理，并厘清文化倾向与成果之间的影响，为提出假设2奠定了理论基础。

第五章　基于社会资本视角的乡村旅游现状及问题。本章调查对象选定为乡村旅游目的地，梳理了关于乡村旅游的概念、乡村旅游产品、乡村旅游市场等内容，并通过访谈，精准掌握了当前乡村旅游发展现状及问题，为乡村旅游的可持续发展提供了实践基础。

第六章 研究设计及分析结果。首先，基于前几章梳理的理论与逻辑提出了本章的假设及研究模型。其次，为验证假设与模型，选取了中国正在推进乡村旅游的村庄进行了问卷调查。本章选取了3个2015年由中国国家旅游局评选的“中国乡村旅游示范村”，其中，汉族村庄1个，维吾尔族村庄2个，有效问卷共计418份，以此为基础进行了数据分析，并阐明了分析方法。最后，运用SPSS软件，通过因子分析、相关性分析、T检验、双因素方差分析等分析方法，对假设与模型进行了验证，验证结果为假设1与假设2均成立。

第七章 韩国乡村旅游成功经验对泰安市乡村旅游的启示。内容包括研究背景、中韩乡村旅游文献对比、泰安市乡村旅游发展概况、发展问题分析，以及基于韩国经验的对策分析。

第八章 研究的结论、对策及展望。对本书的研究进行了概括性结论，并从社会资本的视角提出了发展乡村旅游的策略，包括：①加强顶层设计、各部门间需要相互协作；②推进第一、第二、第三产业的融合发展；③完善基础设施建设，投资现代化科技；④加强产品开发，挖掘乡村特色；⑤打造旅游品牌；⑥促进交叉融合，延伸产业链条；⑦坚持绿色理念，促进资源整合等。

本书在整体上遵循“从乡村旅游发展的需求中提出问题——机制理论研究——模型方法构建——案例实证分析——对策建议”的逻辑思路，从实际发展层面揭示了乡村旅游面临的主要挑战，基于社会资本理论与文化维度理论，深入研究乡村旅游发展现状、存在的问题和发展趋势，并提出今后的发展对策及方案。本书的主要结论有：①两种类型的社会资本均对乡村旅游开发成果有积极影响。本书将社会资本分为桥梁型社会资本与团结型社会资本，经过验证确认了两种类型社会资本均对旅游开发经济成果和非经济成果产生了促进作用。其中，乡村中的团结型社会资本对乡村旅游开发成果的促进作用更为显著。②文化差异在社会资本影响乡村旅游开发成果中起到了调节作用。本书为了对不同地区的社会资本进行比较，选择了维吾尔族地区的乡村旅游开发目的地与汉族乡村旅游开发目的地，经过实证分析发现汉族与维吾尔族地区之间存在文化差异，且文化差异造成了社会资本发挥的作用存在着显著不同，具体表现为维吾尔族的社会资本对旅游开发经济性与非经济性成果的影响力更大。③以泰安市为研究对象，通过访谈法总结分析了泰安市乡村旅游发展存在的问题。具体问题包括乡村居民参与程度低、资金不足、缺乏发展动力等问题。④综合以上分析结果，提出了具体解决对策，主要包括加强顶层设计、各部门之间促进协作；推进第一、第二、第三产业融合发展；完善基础设施、投资现代化科技；加强产品特色；打造乡村旅游品牌；延伸乡村旅游产业链条；注重人才培养、优化服务体系；坚持绿色理念等。

本书的贡献与创新点：①确认了团结型社会资本和桥梁型社会资本与社区旅游开发成果之间的因果关系。在旅游领域中，两类型的社会资本和对旅游开发的经济性成果与非经济性成果都有积极影响，团结型社会资本和桥梁型社会资本对社区旅游开发成果的影响有所不同。②在现有研究中，社区的社会资本形成有所不同，社会资本的效果也出现了差异。本书对现有文献中推测的地区间社会资本不同影响的原因——文化差异，进行了进一步实证分析。系统分析和研究了文化差异对社会资本影响地区旅游开发成果间的关系起到调节作用。③本书问卷调查对象汉族和少数民族在个人主义倾向、集体主义倾向、不确定性回避倾向上存在差异。因个人主义倾向、集体主义倾向、不确定性回避倾向等构成要素，在社会资本对社区旅游开发成果的影响关系中起到调节作用，即，基于社区文化倾向不同，社会资本对社区旅游开发成果的影响是不同的。

在本课题研究期间，一直得到山东省社会科学联合会、山东省文化文旅厅、泰安市文化和旅游局、泰安市科技局、泰山学院，以及汉阳大学等有关部门与院校的指导和帮助，使得本课题研究内容充实、数据准确、资料丰富，并在此基础上修改成书出版，对此一并表示最诚挚的感谢！

李秀　吕臣

2020 年 10 月

目 录

第一章　引　论

第一节　研究背景与问题提出

一、研究的背景

党的十九大报告指出“中国特色社会主义进入新时代，我国社会主要矛盾已经转化为人民日益增长的美好生活需要和不平衡不充分的发展之间的矛盾”，并强调“三农”问题是关系国计民生的根本性问题，首次提出实施乡村振兴战略。作为新时代国家重大战略，乡村振兴战略是解决中国社会主要矛盾的重要抓手，是社会主义新农村建设的重要升级，是城乡发展的重大战略性转变，契合了新时代城乡资源要素双向流动的新趋势，弥补了全面建成小康社会的乡村短板，从根本上改变乡村从属于城市的现实，为新时代解决“三农”问题指明方向、明确重点、提供框架。

乡村旅游成为新时代乡村经济发展新的增长点。发展乡村旅游能够有效引导和推动更多资本、人才、信息、技术、管理等要素流向乡村地域空间，促进乡村第一、第二、第三产业融合发展，优化城乡体系和空间布局。乡村旅游已经成为推动新型城镇化的重要动力，是实现乡村振兴的重要路径。乡村旅游引导乡村振兴是对中国长期以来以工业化、城镇化单向驱动乡村线性发展理念的重大突破，是对“望得见山、看得见水、记得住乡愁”和“绿水青山就是金山银山”的中国特色乡村振兴道路的科学论证与理论建构，对破除城乡分割的二元体制障碍、实现城乡融合发展具有重要的理论价值和重大的实践意义。

社会资本形成于社会以及个人关系网络中（Bourdieu，1986；Coleman，1988；Putnam，1995；Ports，2000；Francis Fukuyama，2001；朴熙奉，2002；Healy，2005；Burt，2007；张由美，2011）。作为一种资源将人们联系在一起，并通过这个网络进行资源交换（Newton，1997）。社会资本影响地区的发展水平，即地区积累的社会资本程度不同，地区之间的经济发展、教育水平、纠纷解决等的程度不一（Bouridieu.，1986；Coleman，1988；Rice，2001；尹珠、崔承淡，2013）。鉴于社会资本的积极影响，许多领域，包括旅游领域都对社会资本展开了积极、深入的研究。

在以乡村为单位的小规模区域社会中，居民的规范、信赖、信仰、网络、协作等社会资本要素成为乡村旅游开发成果的重要影响要素（尹有植，2009；Duk - Byeong Park，Kwang - Woo Lee，Hyun - Suk Choi，et al.，2012；尹珠，崔承淡，2013）。在旅游研究领域也发现了社会资本可以增进乡村居民的生活质量、参与度、合作程度、对旅游开发效果认知和领导力等（刘光旻，2006；尹有植、朴德炳，2008；朴龙顺、高东元，2010；刘勇宰，2011；尹珠、崔承淡，2013；金允宇，2014），乡村旅游活化是以居民间的合作、信赖、社会网络为基础的。

大部分研究针对社会资本的效果开展，在这类文献中有对不同国家或地区的社会资本效果进行比较的研究。通过比较我们发现，国家间、地区间形成的社会资本程度不同（常尚钱，2006；林蕙兰，2007；金泰俊，2008；善尚日，2008；李京珠，2008；宋景在，2008；许松奎、朴基德，2009；河松奎、朴基德，2009；李会昌，2013）；且在每个地区社会资本发挥的作用也不同（金江昊，2010）。绝大部分对比研究，只是从文化差异的角度对这些差异进行解释和推测的，但是并没有对此进行进一步的实证分析。

荷兰心理学家霍夫斯泰德提出的“文化维度理论”（Culture Dimensions Theory）可以用来衡量和评价文化差异。在文化维度理论中，将文化视为人们的“心理过程”（Mental Programming），即人们内在的思维、感情、潜在的行为模式，文化可以影响和决定一个国家或一个团体成员的行动方式。文化维度理论由权利距离、不确定性回避、个人主义/集体主义、男性化与女性化、长期取向与短期取向、自身放纵与约束6个要素构成，集团内部成员的行动模式由文化价值观决定。

中国是多民族国家，少数民族与汉族地区之间存在文化差异。与汉族的人口众多相比，少数民族人口较少，并形成了独特的少数民族文化。少数民族作为非主流文化团体，在与汉族的接触和交流过程中，形成了其独特的心理特性（高承海、安洁、万明钢，2011）。汉族与少数民族的文化差异不仅体现在语言、文字、风俗、宗教文化等方面，而且本书运用的霍夫斯泰德的文化维度理论中的构成要素，例如，个人主义/集体主义和不确定性回避等方面也存在着差异（唐鸣，2002；阿不力克木，2006；肖兰，2008；鲜凌凯，2012；马亮、海存福，2012；李勇，2013；朱爱武，2014；毕曼，2015）。

二、问题的提出

基于以上研究，为了探讨文化差异如何影响社会资本对旅游开发成果之间的关系，本书选取了两个文化差异较明显的地区，即汉族地区与维吾尔族地区都是旅游开发的乡村，针对以下两个问题展开探讨和研究：

第一，社会资本对乡村旅游开发成果是否有积极促进作用？

第二，地区间社会资本的形成程度以及效果是否存在差异，而且这种差异是否受文化差异的影响？

第二节 研究的目的、意义、方法及思路

一、研究目的

本书研究的目的是为探索和分析社会资本在对旅游开发成果产生影

响的过程中，文化倾向起到的作用。为达到研究目的，我们将分阶段进行探讨。

（1）本书首先对社会资本、区域社会旅游开发成果、霍夫斯泰德的文化维度理论相关文献进行考察，并以此为基础整理各变数之间的关系，建立研究模型与假设。

（2）通过对文献的分析，对社会资本、旅游开发成果、文化维度的相关评价尺度进行选择，为下一步的问卷设计与假设、研究模型的验证打好基础。

（3）通过分析文化倾向的相关研究，选定本书的调查对象地为中国汉族地区与少数民族地区（维吾尔族），以问卷回收数据作为验证假设与模型的基础。

（4）通过案例分析，总结了泰安市乡村旅游的现状、问题，并借鉴韩国成功乡村旅游经验提出了泰安市乡村旅游发展对策。

通过以上研究工作，本书对实证分析结果与经验启示进行了总结，使我们可以更深入地认识社会资本，并对于从事乡村旅游开发的相关部门、企业理解社会资本的形成和作用，如何积累、管理社会资本，并通过使用社会资本使乡村旅游成果最大化具有重要意义。

二、研究意义

本书以乡村旅游为研究对象，分析了乡村社会资本、旅游开发成果和文化差异之间的关系，对于乡村旅游理论与实践具有重要意义，具体表现为以下两点：

第一，由于地区居民积累的社会资本不同，会为旅游开发成果带来不同的影响，因此研究社会资本与区域社会旅游开发成果之间的影响关系具有重要意义。社会资本的评价方式多种多样，桥梁型社会资本与团结型社会资本的特征与功能有很大不同，因此，在对社会资本进行评价时，采用桥梁型与团结型两种不同类型对社会资本进行评价非常必要。

第二，通过对社会资本比较研究的文献考察发现，国家间、地区间社会资本的效果是不同的。本书探讨了社会资本对旅游开发成果的影响如何受文化倾向的影响，通过分析汉族与维吾尔族所在的旅游开发地，总结了社会资本对旅游开发成果的影响是随着文化差异而发生变化，即文化维度理论中的个人主义倾向、集体主义倾向、不确定性回避倾向等要素，在社会资本对旅游开发成果的影响中发挥了调节作用。

三、研究方法及思路

为了有效地达到研究目的，本书采用的研究方法为文献考察法、实地考察法、问卷调查法和实证分析法。具体研究思路有以下四点：

第一，通过分析国内外相关的书籍、文献与其他刊行本等资料，分析、梳理了社会资本、旅游开发成果、文化倾向之间的关系。

第二，以文献分析、旅游开发的特性为基础，构建研究模型，通过模型能够说明各变量之间的关系，并提出相关假设。为完成假设与模型的验证，进行了问卷设计，初始问卷设计经过专家讨论并进行了预先调查研究，对问卷进行了修改、完善。

第三，为了验证文化倾向的作用，本书在国家旅游局指定的“乡村旅游示范村”中选择调查对象地点，并考虑到文化差异，最终选定为汉族与维吾尔族所在的旅游开发地，并对其居民进行了问卷调查。

第四，收集的数据运用 SPSS 18.0 进行了频度分析，掌握了调查对象的特征，通过信赖度、探索性因子分析、相关分析、回归分析，对假设 1 进行了验证；通过 T－test 验证了汉族与维吾尔族的文化差异，并通过二元分散分析对假设 2 进行了验证。

以数据分析结果得出本书的结论，总结推动乡村旅游发展具体对策（见图 1－1）。

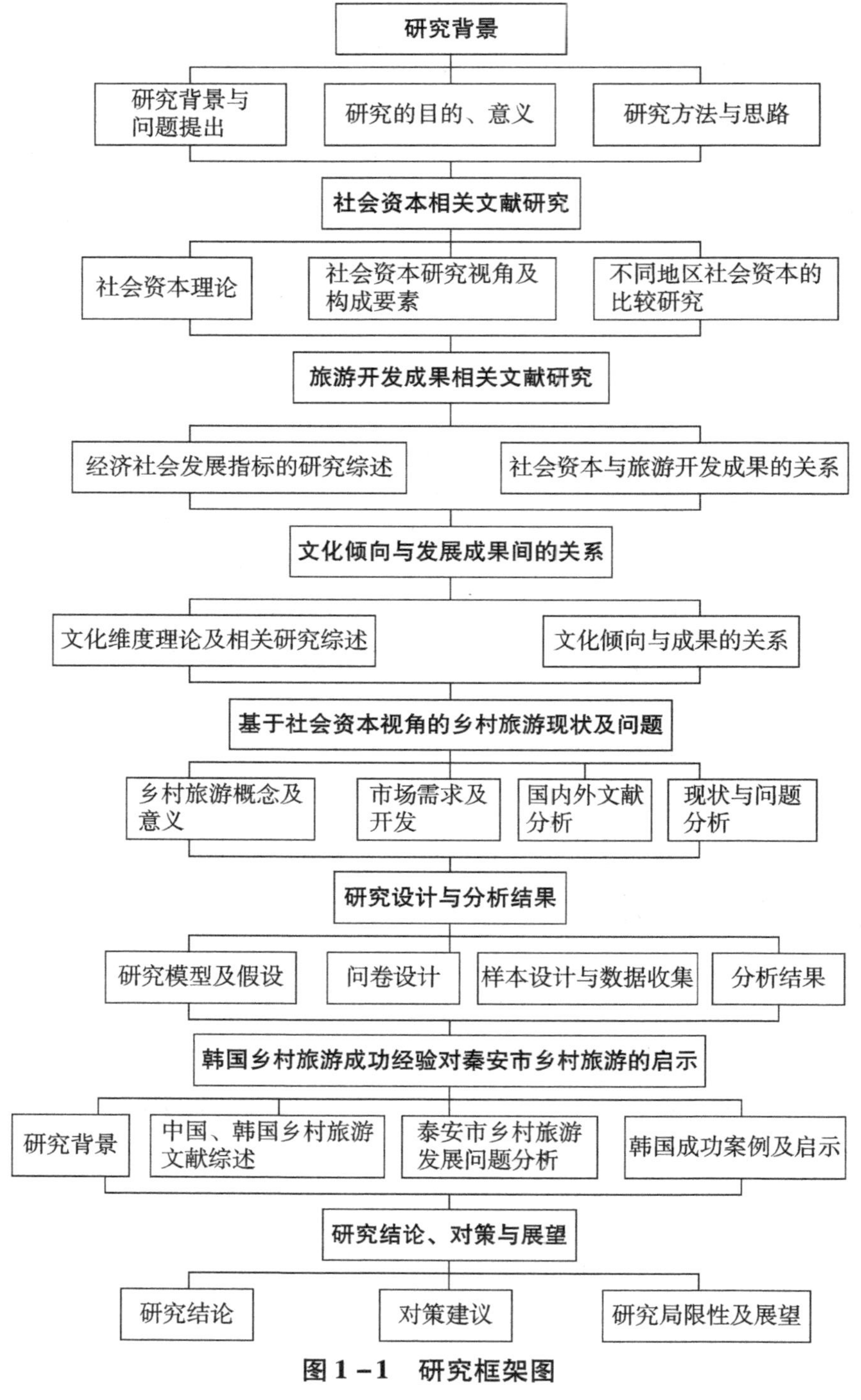
研究背景
研究背景与问题提出
研究的目的、意义
研究方法与思路
社会资本相关文献研究
社会资本理论
社会资本研究视角及构成要素
不同地区社会资本的比较研究
旅游开发成果相关文献研究
经济社会发展指标的研究综述
社会资本与旅游开发成果的关系
文化倾向与发展成果间的关系
文化维度理论及相关研究综述
文化倾向与成果的关系
基于社会资本视角的乡村旅游现状及问题
乡村旅游概念及意义
市场需求及开发
国内外文献分析
现状与问题分析
研究设计与分析结果
研究模型及假设
问卷设计
样本设计与数据收集
分析结果
韩国乡村旅游成功经验对秦安市乡村旅游的启示
研究背景
中国、韩国乡村旅游文献综述
泰安市乡村旅游发展问题分析
韩国成功案例及启示
研究结论、对策与展望
研究结论
对策建议
研究局限性及展望

图 1－1　研究框架图

第二章 社会资本相关文献研究

第一节 社会资本理论

一、社会资本概念

社会资本最早出现在社区研究，后被引入经济领域中，迅速成为一种与人力资本和物质资本相媲美的新式关键资本（高凤莲、王志强，2016）。近几年来，社会资本理论不仅广泛地应用在政治学、行政学等领域，也广泛地应用在教育、经营、社会、经济与旅游等研究领域。在学术研究中，社会资本第一次出现是在 Loury（1977）的研究中，为了批判人种与收入差异的新古典主义解释，而引入了社会资本的概念。此后，在社会科学领域中，对社会资本的内涵与本质比较模糊，有着不同的观点。对社会资本概念的理解以 Bourdieu（1986）、Coleman（1988）、Putnam（1993）、Fukuyama（1995）等为中心展开了研究和讨论。

社会资本最早出现在国外经济学中，近些年也逐渐扩展到其他领域，如教育学、社会学等。第一个使用这一术语的学者是汉尼芬，他基于对现象的直观感受，强调社会交往的重要性，认为社会资本是愿望、友谊、同期以及个体或群体之间的社会交往。目前主流观点分为四种——资源说、能力说、网络结构说和特征说。

（一）资源说

Bourdieu（1986）首次将社会资本引入社会学领域，他将资本称为“储存的历史（Accumulated History）”，主张资本不仅是经济性的，甚至扩张到教育、文化、社会、政治等领域。Bourdieu 将社会资本定义为“现实的或潜在的资源集合，相互认识或熟悉的人之间形成的持续性的关系网，即特定集团的成员之间的联系”，提出社会资本是与组织成员有关的实际或潜在的资源集合，集团成员向每个成员提供集体所有的资本。组织拥有的社会资本总量取决于它能有效调动的关系网络的容量和数量。社会资本存在于人与人之间的社会关系中，是集团成员之间互相给予的各种机会资源的综合。

Coleman（1988）认为，社会资本之所以会受到关注是因为以下 3 点：①人们在行动时，在动机的推动下选择合理行为模式，在这个过程中会形成一定的规范与协议；②社会资本概念在社会学科与其他学科领域中，将行为分解为个人层面与集体层面，是对行为的微观—宏观层面之间的连接的说明；③在家庭的价值与共同体精神逐渐弱化的美国现代社会，道德凝聚力的提升备受关注。Coleman 认为，社会资本作为行为者可用的一种特殊种类的资源，在社会构造中更容易影响个人行为。虽与布厄迪同样，在个体层面上对社会资本进行研究，但他更关注个体在组织中获取的利益，尤其对个人与个人关系网中形成的信赖与规范进行了探讨。Coleman 用社会资本的功能定义社会资本的概念，提出社会资本包含两个共同元素：①包含社会结构的某些方面；②为结构内行动者（个人或企业）提供便利。他认为，社会资本像物质资本、人力资本一样，具有生产性，不是完全可替代的，但与其他资本不同的是，社会资本存在于人与人之间的关系结构中。

Nahapiet 和 Ghoshal（1998）将社会资本定义为，嵌入于可利用的并源于个体和社会单元拥有的关系网络中的实际或潜在的资源。在这一定义中，社会资本由网络和可以通过网络而变动的资产所组成。与 Coleman 观点相似，林南（2005）也认为，社会资本存在于社会网络和个体间的关系中。但林南认为，社会资本是获取资源的动态的过程，提出社会资本是一种镶嵌在社会结构之中并且可以通过有目的的行动来获得资源或交换资源，强调了个体行动的能动性。

虽然上述学者都持有“资源观”，但他们的角度各不相同。Bourdieu、Nahapiet 和 Ghoshal 是从微观角度，即社会实体（个人、组织）角度定义社会资本。Coleman 从功能角度定义社会资本，让结果变量来确定原因变量是不正确的，在逻辑上混淆了原因与后果，这使得该定义较为模糊。林南从嵌入型视角定义社会资本，突破了社会结构的制约，强调了行动者可以主动获取资源并将其资本化。

（二）能力说

Portes（1998）认为，社会资本指个体通过其所在网络或更广泛的社会联系以及通过这些联系获取稀有资源的能力。这种能力不是个人固有的，而是在个人与他人关系中包含着一种资产，社会资本是嵌入的结果。Portes 和 Landolt（2000）认为，这一概念有混淆能力的倾向，即积极的结果必然表明社会资本的存在，而消极的结果则不存在。事实上，一个参与者通过连接获取资源的能力并不能保证一个积极的结果。而且，已有的研究已经表明，社会资本的消极影响有排斥外来者、对团体成员的过度要求、对个人自由的限制。

Portes 讲的社会资本概念是建立在微观层次上的，关注的是个体通过包含自我在内的社会网络动员资源的能力，承认网络成员间的互动使得社会资本得以维持和再生产。

（三）网络结构说

Burt（1992，1997）认为，人力资本是指个体的能力，社会资本是指机会且个体能够管理社会资本从中获得“投资回报”，这种回报是高于人力资本的。从网络结构视角，他提出社会资本是由个体社会关系网络的结构形态构成的，他的研究并不关心行动者联系的对象，而是关注关系网络的结构。他提出了著名的结构洞理论，认为社会关系网络中并不是所有行动者都存在着联系，没有联系的行动者就形成了结构洞。占据结构洞的行动者相比其他行动者将获得的更多的非重复性信息或者资源，从而能够获取对其他行动者的控制权。例如成为两个独立的代理组之间的唯一连接。这一观点与 Goanovetter 的强弱关系理论相似，都强调了信息重复率低的重要性。波特从宏观上定义社会资本，提出网络结构能带来收益。但网络结构的这种效用本身并不是社会资本（邓海明，

2012），并且他不关心行动者联系的对象也不符合我国实际情况。在我国，人们会依据联系的对象而决定是否与其建立联系，这也决定了能够获取的资源类型。

（四）特征说

Putnam（1993）认为社会资本是人们在采取行动时，促进其合作并提高社会效率的信赖、规范、网络等各种社会组织要素。另外，Putnam 将社会资本的信赖要素与网络要素进行了分类，即具体/整体的社会资本、垂直/水平的社会资本，通过这些来说明社会资本的复合型特点。与前两位研究者不同的是，Putnam 不是在个人层面对社会资本进行探讨，而是在社会层面对社会资本进行概念化。在 Putnam 看来，社会资本是全体社会充分发挥共同体意识，其内部成员的生活充满人情味，同时，作为社会资本的核心，社会网络具有重要的价值。

在研究美国民主与公民社会时，Putnam 提出了社会资本指的是社会组织的特征，如促进协调和合作的网络、规范和社会信任。一方面，社会资本促进了集体规范、产生信任，有利于解决集体行动困境；另一方面，公民参与网络体现了过去合作的成功，可以作为未来合作的模板。此外，网络互动会扩大参与者的自我意识，增强参与者对集体利益的认知。

Woolcock（1998）将这一概念的主题不仅仅局限于组织中，还包括个体，将社会资本定义为在团体或个人之间的真实联系中固有的信息、信任和互惠原则，并且社会资本的核心前提是社会网络具有价值。2000年以后，在 Woolcock 和 Narayan（2000）的研究中，将社会资本定义为"可以使人们进行集体行动的规范与网络"。他们强调，比起社会资本的功能，更应该把焦点放在根源（Sources）上，从社会资本的连接型、团结型等多种角度来接触社会。在国内研究中，崔巍（2017）提出，社会资本包含一些常设组织的特征，比如信任、文化、行为准则，以及社会网络。这些特征有助于人们有效实现共同追求的目标。

除以上研究者对社会资本进行的定义之外，根据 Fukuyama（1995）

的著作，将社会资本定义为集体成员一起工作的能力，当社会性经济活动持续进行时，信赖的重要性就得以凸显出来。Fukuyama 主张民间组织是社会重要的组成要素，民间组织的规模居于国家与家庭之间，属于中等规模。即团体在形成时，信赖十分重要，成员之间相互信赖的团体具备共同工作的习惯并能将组织的生产性发挥至最大化。

Grootaert（1998）认为，社会资本包含了价值等要素，它可以支配人们之间的相互作用，并能影响地区经济与社会的发展。根据他的观点，社会资本不是支撑社会基层的制度，而是起到了稳固社会的黏合剂的作用。

经济合作发展组织（Organization for Economic Co - operation and Development，OECD，2000）将社会资本定义为“促进某一集团或集团之间合作的规范、网络、价值、理解”。在 2001 年的研究报告书中提到，社会资本是依托于文化与行动规范产生的，不是某个人特定的资产，而是人与人之间的关系的总和，即社会资本是公共财产，是由集体共享的。

通过对现有研究中的总结，每个学者对社会资本的理解都有所不同，目前社会资本的内涵、概念还比较模糊，没有一个确定的定义。对社会资本的研究也多来自不同的角度和应用领域，但这些定义大多具有一些共性：①概念背后的前提是期望在市场中获得回报的社会关系投资；②社会资本的某些特征可以促进行动主体获取外部资源，且在实现目标的过程中获得竞争优势；③社会资本是基于人与人之间形成的关系网络，包括信任、规范、互惠等社会文化因素，这些因素会对地区的经济/非经济的发展产生影响（见表 2 - 1）。

表 2 - 1　社会资本的概念

研究者	社会资本的概念
Bourdieu（1986）	在人与人之间形成的较为固定网络中的相互间的交情或人情，是个人或集团的一种潜在或实质性资源

续表

研究者		社会资本的概念
Coleman (1988)		存在于人与人之间的关系中，能影响人们的行为
Burt (1992)		社会资本是指机会且个体能够管理社会资本从中获得“投资回报”
Putnam (1993)		包括了规范、网络、信赖等社会组织化特性的要素，可以协调人们的行动、促进社会效率的合作、能力
Woolcock (1998)		非实体的资本形态，存在于社会关系中，像物质资本和人力资本一样具有社会生产率
Portes (1998)		个体通过其所在网络或更广泛的社会联系以及通过这些联系获取稀有资源的能力
Grootaert (1998)		包括了价值等要素，它可以支配人们之间的相互作用，并能影响地区经济与社会的发展
OECD	2000	增进某一集团内或集团间合作的规范、网络、价值、理解等
	2001	产生于文化和行为规范，非特定个人资产，与人与人之间的关系有关

资料来源：笔者根据文献进行整理。

此外，由于社会资本是嵌入在社会网络中，依据网络的规模可以将社会资本分为微观、中观、宏观三个层次。其中，微观层次的社会资本主要关注个体行动成果，代表着个人通过其所在的社会网络利用资本的潜力。中观层次的社会资本研究对象为存在于不同的群体之间，以及群体中的不同成员之间。这种层次的社会资本主要是以制度、组织管理、习俗、行为准则等形式存在，主要关注社会网络的形成过程及其分配结果。宏观层次的社会资本类似于政府社会资本，其含义最为广泛，表现为包含社会结构和社会规范的社会环境和政治环境等。

二、社会资本理论的萌芽及发展

传统的资本是指物质性生产要素（Physical Capital），根据 Schultz（1961）的研究，首次提出“人力资本”。资本概念逐渐往多元化的方向发展，人力资本的观点使“资本”首次摆脱了具体的物质形态，成为可以带来价值增值的所有物质与非物质资源的代名词，为社会资本理论的提出奠定的基础。此后，资本被分为了传统的金融资本（Financial Capital）及物质资本以外的人力资本（Human Capital）、环境资本（Environment Capital）、社会资本（Social Capital）等各种各样的类型，而这些新出现的概念已经无法再用传统的定义去解释。其中，社会资本可以看作是由个人拥有的物力、人力、社会资源等资产构成的资源（Coleman，1990）。这个概念的提出是基于1961年和1963年美国经济学家庄森、舒慈和百科提出的人力资本概念（Johnson，1960；Shultz，1961，1967；Becker，1963，1964），之后在1983年布厄迪将文化资本的概念进行了延伸，从而诞生了社会资本的概念（Bourdieu，1986）。

19世纪末，奥地利学派的代表人物巴维克、马克思都提到过“社会资本”一词，但它仅表达经济学观点的资本，是指与“私人资本”相对立的社会总资本。19世纪80年代，法国著名社会学家Pierre Bourdieu在《社会科学研究》上首次正式界定了社会资本，并在社会学领域广泛应用。1980年，在新社会经济学（New－Economic Sociology）领域发现，当所有条件都相同，但是社会性条件不一样时，地区的经济发展水平呈现不同的发展状态，于是学者们开始对这一现象加以研究。学者们将经济资本与人力资本的变量进行了控制，但是地区经济成果还是呈现了不同的发展水平，研究者将这种现象的发生归结为还有一些社会因素对地区的经济发展产生了影响，这些社会因素被称为社会资本（Social Capital）。自此，开始了社会资本对地区的社会环境以及一些非经济性成果的影响研究。

Bourdieu指出，资本其实就是一种关系网络和资源，可划分为经济资本、文化资本和社会资本。美国学者James S. Coleman在《社会理论的基础》中主张，每个自然人在一出生出便具有三种资本：①由遗传天赋形成的人力资本；②由物质性先天条件构成的物质资本；③由自然人所处的社会环境构成的社会资本。这3种资本之间可以互相转换。

三、社会资本的特性

“传统资本”作为物质形态存在，而社会资本作为一种新型资本不以物质形态存在。社会资本是由新古典经济学生产要素或马克思主义生产手段的传统意义上的“资本”演变而来，即社会资本是一种新的、扩大的“资本”，它是为了确保掌控存在于阶层之间、个体与集体之间、或集体与集体之间的关系网中的各种资源（Coleman，1998）。因此，社会资本虽然与其他形态的资本具有共同的特性，即在社会构造中促进人们特定行动，但也具有其独特的特性（Coleman，1998；刘锡春，2003；姜仁宰，2005）。

（1）由于社会资本是由社会结构或社会关系构成的，存在于人们之间形成的社会关系之中，而不是像其他物质资本和人力资本一样存在于物理环境或是属于个体。如果说人力资本和物力资本是私人财物的话，社会资本则可以说是公共财物（林贤均，2004）。

（2）当人们拥有了经济资本、人力资本或是文化资本时，出于对利益的追求，会产生排他性的现象，而社会资本具有利益共享的特点。这种利益共享的方式有两种形态：①只在集团内部成员之间进行利益共享；②对集团外部成员也进行利益共享。

（3）其他形态的社会资本需要付出努力去获得，这一点社会资本却不同。社会资本的所有者不需要经过特殊的努力也能持续保有这一资源，在集体内部成员只有通过不断重新确认彼此之间的关系、获取认可的一系列的持续性交换过程，社会资本才能维持和再生（Bourdieu，1986）。

（4）经济交易是同等价值的等价交换，与此不同，社会资本的交易存在于社会交换关系中，并随着交易当事人的使用而实现累积和增加（Adler & Kwon，2000），也就是说，越是经常使用社会资本，社会资本的数量就越大，并形成其特有性。

（5）经济资本的交换在时间上可以同时进行，而社会资本则以不同时交换为前提。在市场上进行经济资本交换的人与非政府/非营利领域中进行的社会资本的交换的人动机是不同的，从这一层面来看，社会资本是基于“普遍互惠性”的资源，这种互惠性从根本上具有不稳定性的特征（刘锡春，2003）。

四、社会资本的作用

（一）社会资本的积极作用

社会资本涵盖的范围较广，它不仅是增进社会生产力的公式化制度，而且也包括了维持社会生产的规范与非公式化的机能，这可以理解为关于资源的关系网与机能（苏进光，1999；Woolcock & Narayan，2000）。社会资本跨越了个人与集体、权利差异等矛盾问题，对相互合作起到了基础作用（Brown & Ashman，1996），对地区的发展有重要意义（Lyons，2002）。除此以外，社会资本有更加多元化的人际关系与高满足度的社会网络、与他人的合作、社会团体及组织的积极参与等，起到了促进个人生活的满足、健康的家庭生活和组织生活、满意的邻里关系和团体活动、民主政府的参与和支持等的作用。

通过这种人际关系的活性化，社会资本实现了国民收入的增加，提升了劳动市场功能的效率，降低了犯罪率，提高了政府机构的有效性的宏观效果（Putman，1993；Aldridge，et al.，2002；Halpern，2005），也是提升教育成果（Israel，et al.，2001；Aldridge，et al.，2002）和国民保健与健康（Subramanian，et al.，2000；Coulthard，et al.，2001），解决政府管理与社会经济问题（Goss，2001），提升企业组织经营成果（Aidrige，et al.，2002）等。同时，社会资本对成长、公平性、摆脱贫困促进发展的结果产生影响，在解决集体甚至社会各种问题的过程中，起到积极的催化剂的作用（Grootaert，1999）。从这些层面来看，社会资本具有以下七方面的积极影响：

（1）社会资本通过个人之间的相互联系，起到信息共享的作用，成为提供官方与非官方信息的一种途径（Naphapiet & Ghoshal，1998）。Coleman（1998）指出，社会资本就是内在于社会关系网中信息的潜能，这是其重要的社会形态。社会生活和经济活动所需的核心信息，例如，工作岗位及个人诚信的信息、新想法的相互交换等都可以通过社会网络自由移动。另外，政府层面应将信息流过程透明化，使经济合作行为得到鼓励，并起到增加企业间信息共享的作用（World Bank，1993）。在官方与非官方的信息流通过程中，社会资本可以起到遏制不实信息流通的作用，通过积极的交流，社会上逐渐形成了人与人之间、组织与组织之间的信任，这能在极大程度上减少信息的歪曲。信息不实产生的问题在资本市场上尤为严重，基于法律的强制性和良好的司法体系基础可以制定公正的契约，减少资本市场的风险（Serageldin & Grootaert，2000）。

（2）社会资本理论的核心前提是让团体成员通过关系网络获取情报，进而采取有价值的行为去解决一些社会问题（Bourdieu，1986）。也就是说，行为者如果依据自己利益采取行动，而不去调整行为，就会产生机会主义，最终导致市场失败。Ostrom（1996）在研究中指明，在灌溉业中，水资源的使用者如果没有充分的正式/非正式的社会手段，就会引发个人机会主义行为，对灌溉业产生不利影响，而社会资本则是为了实现集体利益。由于个人间的相互作用，社会资本在成员之间形成信任的基础上有调节行为的效果（Serageldin & Grootaert，2000）。

（3）社会资本通过建立集体决策规范，起到创造外部效果的作用（Serageldin & Grootaert，2000）。集体决策是公共财产和外部效果管理的必要前提，对政治、经济、社会行为的有效性产生良好的作用，这些集体决策确立了集体内成员的规范。为使规范公正地发挥其作用，政府应将其制度化。

（4）社会资本能提高个体行动的效率。例如，在社会关系中形成的关系网，尤其是连接性较弱的桥梁型社会资本和网络连接具有构造空白的社会资本，可以增加信息扩散的效率（Burt，1992）。另外，Fafchamps 和 Minten（2002）对拉斯维加斯的社会资本进行了实证研究。在这个研究中，他们以农业生产活动为研究对象，发现农户在栽培农作物时通过参与同业合作协调等组织积累了一定程度的社会资本，农户积累的社会资本可以让他们减少交易费用、增加他们的经济收入。Kranton（1996）发现，在具有平等的交换关系、权力分散的网络系统中，代理商可以减少自己的探索成本（Search Costs），因此增加自己的经济效益。即在社会资本中形成的高水准的信赖，可以降低工作中的监督、管理费用，产生当事者之间的交易费用减少的效果。

（5）社会资本可以提高适应的效率，提高创意与学习成果。社会资本可以促进组织之间的合作，因此使组织的革新与发展具有更大可能性（Putnam，1993；Fukuyama，1995）。在这个观点的基础之上，社会资本在制度作用、革新、价值产出等方面表现出了十分重要的意义（Nahapiet & Ghoshal，1998），可以促进组织内成员从个人的立场上升到组织层面（李钟洙、尹英振等，2012）。

（6）社会资本可以提高地方组织的参与程度以及相互信赖，使得集体决策和集体行为变成一种可能。尤其在财产权在法律和社会层面的定义不明确、公共财产的共同使用和分配困难、帕雷托最优化原则难以实现的情况下，在社会资本积累较好的地区，类似公共财产共同使用及分配产生的纠纷可以得到很好地调节。

（7）社会资本积累良好的个体或组织可以更容易地获取经济、文化资源。人们通过与专家或退休人员之间的接触、交往，形成物化的文化资本，通过加入一些可以提供宝贵价值的团体或组织，可以获取制度化的文化资本（徐慧淑，2006）。

社会资本这些积极影响，在社会学、政治学、经济学、行政学、经营学等多元化的领域中，受到了学者极大的关注。但是，与经济资本相比，社会资本的形成过程是不透明、不确定的，因此社会资本也具有其局限性，即它的副作用（李钟洙、尹英振等，2012）。

（二）社会资本的负面影响

关于社会资本的研究，学者们一直聚焦于社会资本的积极影响，鲜少有对社会资本的消极作用进行分析研究。但是，在现实生活中，拥有社会资本的个人或组织，在取得一些方面的成就时，同时也会产生一些不希望发生的后果。认识到社会资本的消极影响具有两个方面的意义：①避免对共同体连接网络、社会统治、集体约束等的过度美化；②对社会资本道德性陈述来说，更应该站在整个社会角度对其进行客观的分析研究。

在人种与宗教相同的同质化集团中，可以形成社会资本的紧密关系，但对异质化集团会产生排斥行为。在一个限定的范围内，例如与家人及关系亲密的朋友可以形成密切的联系与信赖，但在范围更为广泛的区域社会中，信赖及协作水平往往被降低，社会资本只是强化内部团结社会关系形态（Portes & Landhot，1996；Knack，2002）。另外，在市场交换中，减少转账费用的机制可以用同样的方法产生负面效果（Fine，1999）。Erickson 和 Tedin（2001）在研究中指出，所有社会结构在特性上社会资本既会带来积极的效果也会带来我们不愿意看到的效果，这是由于形成社会资本的团体或集团会排斥其他的团体和集团（Morrow，1999；Hunter，2000；Szreter，2000）。迄今为止，关于社会资本负面作用的研究整理如下（刘锡春、张美爱等，2007；Portes，1998；Portes & Landolt，1996；Portes & Sensenbrenner，1993）。

（1）连接强度较高的社会关系网络虽然能提供给内部成员许多好处和优惠，但对于外部人员来说具有排斥性。Waldinger 在《The Irish，Jews，Blacks，and Koreans of New York》中指出："处于相同社会关系网内的成员，排斥外部人的进入，以此来强化成员之间经济性交换的容易性与效率。"他还列举了一些例子，比如东部城市中韩国移民对制造业的统治、犹太人对纽约钻石市场的独占、古巴人对迈阿密经济的控制、东南亚西亚的中国华侨等。这些事例说明了以强制性的信赖与纽带为基础产生的社会资本成为了集团经济发展的核心。Waldinger 指出："处于相同社会关系网内的成员，排斥外部人的进入，以此来强化成员之间经济性交换的容易性与效率。"

事实证明，以民族为单位的集团通过社会资本去追求经济利益的现象不在少数。Adam Smith（1979）将商人之间的聚会归结为对抗公众的阴谋。Smith 指出，类似于商人的这一类集团，比如少数民族组织负责人、移民来的企业家等，都存在这一类问题。

社会资本的其他负面影响也伴随着最初的副作用应运而生了。因为，在特定状况下集团与共同体的排他性会成为企业成功的障碍因素。Geertz 研究了巴黎的一家企业。这家企业起初做得十分成功，但是企业负责人的家族庞大，有一些为了寻找工作和借贷的家庭成员每天找他，企业一般来说，大家族的成员之间应该相互照应，这是一个家族受到鼓励的一种规范，结果，本来一个非常有前途的企业由于经济问题无法实现扩展，最终沦为一所福利性酒店（Geertz，1963）。Granovetter 顺应了 Weber（1965）的观点，强调一个企业能够发展成功的重要因素之一是“基于一般性的、非人格性的经济往来”。而在团结力强的共同体中发现的安稳的集团内部关系，使得许多集团成员搭顺风车、提出不合理的需求。即享有权利的一些懒惰的组织成员可以使用其他成员的社会资本，在这个过程中，企业失去了积累资本获取成功的机会。

（2）不管是加入共同体还是某个集团组织，都必须要遵守其内部规范。在一个小的社区或者村落，所有的邻里都相互了解，在社区的商店里甚至可以赊账买到东西，对于同质性较为包容，但对成员的异质性较为排斥。这是在集团层面进行的管制，较为严格，这种环境对于集团成员的个人自由变得十分严格，这就是年轻人和性格独立的人离开自己村庄的一个重要原因。Boissevian（1974）对马耳他岛上的一个村庄进行了研究，证实了以上论述。这个村子里的居民构建了一张“错综复杂”的连接网，在这个连接网中就村民共同生活强调了共同的规范，因此，私生活和自由性减少了许多。

Simmel（1992）在其《都市与精神生活》一书中分析了集团共同体联系性与个人自由之间的两难现象。Simmel 指出具有较强连接网的共同体，为了打造内部社会的统治就会要求共同体成员遵守内部共同规范。Simmel 认为，在很多情况下社会主义的负面印象更被人关注。此外，Rumbaut（1977）研究了移民家庭中学生的成绩，发现强纽带的家庭关系对学生取得学分、考试成绩等教育成果产生负面影响。根据 Rumbaut 的研究显示，家族内的纽带虽然会带来团结性等正面效果，但同时也会产生限制个人自由等负面效果（Rumbaut，1977）。

（3）关于逆境中的社会经验和对主流社会的抵抗可以使集团的团结力更加坚固。集团内部个人的成功神话会蚕食集团的凝聚力，因此，集团凝聚力不会建立在个人成功基础之上。

通过以上总结的社会资本的负面作用，社会资本由于自身局限性的纽带关系与信赖性，不确定能不能带动集团和组织的经济发达和企业发展，但是在一些集团和组织中社会资本为其带来了相反的效果。因此，就像 Coleman 和 Loury 主张的社会资本的两面性一样，既可能形成“公共善”，也可能形成“公共恶”。

五、中国农村社会资本的特征

由于中国的特殊主义（Particularistic）传统文化，信任成为特殊主义的信任，即可看作为小范围的强烈的信任。根据 Weber 的研究表明，中国的信赖基于血缘关系、宗族关系而形成，对家庭单位以外的成员很难信赖。另外，在 Fukuyama（1995）的研究中也验证有血缘关系的中国人之间存在较强的信任感。而且，由于中国具有很强的集体主义倾向，因此，人们交往时重视感情，人际关系具有紧密型和稳定性的特点。但是，中国的集体主义是小范围的集体主义，因此社会网络的范围较小且连接密度高（蒋浩、纪延光、聂锐，2008）。

因此，基于中国的传统文化，人们交往时非常注重关系，大多数关系网络的本质是血缘、地缘关系的扩张（董翔薇、崔术岭，2009）。中国人总是注重人际关系和人情，特别是中国农村，在相对封闭的环境中，人们的活动集中在稳定的环境中，人们之间的社会关系网络由血缘、地缘、业缘组成。

农村的社会资本就是存在于农村的社会关系网中，获得的社会资源

（友谊、信任、规范、权威、政策和制度等）的总和。社会资本逐渐积累起来，农村社区的成员在采取各种行动时更加便利，且降低管理成本，农村居民的社会性支持（经济支持、情感支持）与合作是以家庭关系为基础的、普遍存在的社会性网络（张国芳，2011）。根据现有研究，对中国农村社会资本的特性总结如下：

（1）内部集团（In－Group）的成员之间的信任度很高，但是对外部集团的信任度很低（张政清，2008）。农村社会关系是“自我”中心，越接近中心，成员之间的关系越紧密。其中，关系最紧密的为家庭，其次为家族（亲朋好友），家庭内部与家族内部成员之间的信任度很高，但对关系疏远的人信任度低。

（2）成员之间的强相关。村子是相对封闭的完整的社会网络系统，这种网络形成的连接点是家庭。由于长期小范围的封闭性，一个集团一般由几个家庭组成，连接点之间的关系密切而强大。因此，成员们具有高同质性，彼此都很熟悉，相互依赖（帅庆，2011）。

（3）农村地区社会资本的封闭性特征。农村地区长期处于封闭环境，与外界的联系不足，因此，社会资本在这种封闭的社会网络中形成，难以与外部集团进行有效的交换（赵丙奇、金彬，2013）。

（4）具有参与程度较低的特性。由于农村地区的生存条件和生活方式的限制，自发地参与意识薄弱，因此，社会参与率比较低，社会组织较少（林聚任、刘翠霞，2005）。

第二节　社会资本研究视角及构成要素

一、社会资本的研究视角

由于社会资本的复合性与范围的多样性，在对社会资本进行研究时需要多元化的方法。最具代表性的方法有：①根据研究者的研究对象不同，可以从个人或集团的层面上进行研究；②根据研究者的研究范围不同，可以从微观或宏观的层面上对其进行研究；③根据研究内容可以从社会资本的关系、构造、认知等层面上进行研究。

研究对象为个人或集体时的研究方式。在这种方式中，社会资本可以表现为公有财产或者私有财产，通过社会资本进行生产的商品或服务存在于不同的社会结构层次，因此需要从两个层面进行研究（Paxton，1999）。在 Bourdieu（1986）的论著中，对社会资本的研究就是以个人层面的社会资本为焦点进行的，此后，许多学者也都认为社会资本具有积极效果与负面效果两种作用，因此支持 Bourdieu 的以个人层面的社会资本进行观察的研究方式。

另外，Coleman（1998）将 Bourdieu（1986）的研究从个人水平转移到集体水平，在公共财产层面进行研究。再有，Putnam（1993）也将社会资本聚焦于团体及社区，社区自发地将团体参与、投票参与、报纸阅读等社区层面的资料作为社会资本的评价工具。同时，Onyx 和 Bulen（2000）在研究中主张社会资本应该在个人和集体层面上进行综合研究，这样可以从个人财产或公共财产的角度理解社会资本，并可以根据研究目的、水准的不同可以分辨社会资本究竟是对个人/集体产生影响，还是对整个社会的发展给予影响。即社会资本是人类活动的结果，存在于人与人之间的关系之中，从这个层面来看社会资本具有公共财产的特性；但处在某一团体或社会中的人群并不具备完全统一的价值观或完全统一的行为，这种价值观、态度、行为等对周围人产生影响，从这个层面来看，社会资本可以看作是分配给个人的私人财产。

从微观（Micro）或宏观（Macro）的角度看待社会资本的研究。在社会资本的相关研究中，研究者比较一致地得出结论，个体层面的社会资本发现先于国资层面的社会资本。也就是说，因为可以确定社会资本的存在和所处位置，将社会资本划分为微观水准（Micro）、集团水平（Meso）和宏观水平（Macro），这种划分方式对分析社会资本意义重大。

关于社会资本研究内容或认识维度的研究方式。关注社会资本结构的学者强调，社会资本在行为者所属的社会构造内生成（Adler & Kwon，2000），因此可以将社会资本的存在看作是个体与个体合而为一的存在方式。这里个体与个体的合而为一并不是个体单纯的加法，而是一个新生物体。在这个新生物体里，每个成员都被赋予某种特定的人格特性。因此，社会资本可以说明群体的性格，以属于集体为前提，可以通过集团内部成员或集团来使用（Kilpatrick，et al.，1987；Sander，2002）。但是，也有人主张，集团内成员认知是不同的，这会对成员的行为产生影响。因此，这时应该考虑集团内成员对社会资本的认知。

综合分析以上观点，代表性研究是 Grotaert、Van Bastelaer（2002）和 Uphof（2000）。在这些研究中，在微观水平、宏观水平和结构层面、认知层面的连续线上，将社会资本具体化。也就是说，社会资本可以分为结构层面和认知层面，分别属于正式的制度层面与非正式制度方面。

二、社会资本的类型

由于某些社会网络与人之间的互动质量和程度不同，可能会形成不同的社会资本。研究社会资本和网络连接纽带的学者以 Putnam 为代表，他将社会资本分成了两种不同类型，分别是团结型社会资本与桥梁型社会资本。在 Putnam 的主张中，两种类型的社会资本互相关联，但不是同一概念。

桥梁型社会资本具有开放性，存在于社会网络中的成员之间具有不同的背景，对于异质性较为包容，成员之间的关系相对短暂，社会关系网络的范围较广，但是人与人之间的交往与联系不深。因此，桥梁型社会资本可以拓展社会性视野和个人视角，获取新资源和信息。另外，在桥梁型社会资本中存在着感情支持不足的局限性。

团结型社会资本具有“封闭性”的特点。这些社会资本大多在家族、朋友之间形成，在成员中提供情感支持和实际支持，集团成员的异质性程度低，相互之间有较强的联系。团结型社会资本具有持续的互惠、情感支持、经济支持等优点。但是，团结型社会资本因其封闭性，对集团外部人员有排斥的倾向，因此与桥梁型社会资本相比，在获取外部资源、信息等方面存在局限性。

通过以上研究，基于社会性网络连接的强度和密度，可将社会资本分为两种类型，即桥梁型社会资本与团结型社会资本。其有各自的特点，具备各自的优缺点（见表2－2）。

表2－2　社会资本的类型及其特征

类　型	特　性	优　点	缺　点
桥梁型社会资本	集团内部较弱联系，成员间异质性、与外部集团之间有连接	社会性网络范围较广，可拓宽视野、容易获取新情报等外部资源	无法形成密切关系，缺少情感支持与实际支持
团结型社会资本	集团内部成员之间有较强的联系，成员间同质性、安定性、封闭性	人际关系较好、情感性支持、实际支持	变革与创新的局限性、排他性、敌对性

资料来源：根据文献分析再整理。

根据Putnam的观点，桥梁型社会资本是松散的连接，可以获取社会网络意外的资产和信息。在测量桥梁型社会资本时，应考虑以下特点，才能准确把握社会资本：①社会资本的外向型；②与更广泛的人员之间的联系；③自己属于更大范围的社会性网络的知觉；④对外部人的排他性，Putnam的这一研究为社会资本的分类打下了基础。Williams（2005）在研究中将社会资本分为两类，即桥梁型社会资本与团结型社会资本，并分析了其构成要素与衡量指标，每种类型均有4个构成要素（见表2－3）。

表 2-3　桥梁型/团结型社会资本的构成要素

桥梁型社会资本	团结型社会资本
外向性（Outward Looking）	感情支持（Emotional Support）
广泛连接 (Contact With a Broad Range of People)	有限资源的获取 (Access to Scarve or Limited Resources)
感觉自己属于更广泛的社会网络 (A View of Oneself as Part of a Broader Group)	团结与调动的能力 (Ability to Mobilize Solidarity)
更广泛的互惠 (Diffuse Reciprocity with a Broaer Community)	对外部集团的敌对 (Out - Group Antagonism)

资料来源：根据文献分析再整理。

三、社会资本分类的文献研究

李铉、李志浩等（2009）将社会资本分为团结型社会资本和桥梁型社会资本，并分析了社会资本与地区主义的关系。这样分类测定是非常必要的，因为在现有研究中很多都仅仅侧重了社会资本的构造因素，因此，社会资本与地区主义的直接因果关系、个人行为如何转化为集体行为等都无法进行说明。也就是说，在评价社会资本时既要考虑到宏观要素也要考虑到微观要素，由于社会资本的焦点是“关系”，可以说明社会网络构造与个人行为之间的关系，因此在研究地区主义现象时考虑到宏观与微观要素可以克服一些局限性。同时，现有研究表明，不同的关系属性将会导致不同的构造与行为，进而引发地区主义现象，因此能更精准地分析地区主义现象。桥梁型社会资本与团结型社会资本会具有不同的特性，最终会带来不同社会效应。在此研究中，选取了可以代表桥梁型社会资本及团结型社会资本的团体，并以其加入人员的个数来测量两种社会资本。分析结果表明，团结型社会资本对地方主义产生了积极影响，而桥梁型社会资本对地区主义不会产生任何影响。这是因为，属于桥梁型社会资本和团结型社会资本的代表团体成员对人与事的共鸣不同。

金熙曹（2009）分析了社会媒体的使用量及团结型社会网络和连接型社会网络的属性分别与线下交友活动、市民参与、社会运动的关联。在现有研究中，很多学者对团结型社会资本与连接型社会资本是否对社会参与有消极作用提出了争议。因此，韩国社会通过确定社会媒体的网络属性与社会资本之间的关系，来促进韩国社会形成新兴的社会关系网络。研究结果表明，在交友活动中，团结型社会资本的影响力较强；在社会活动中，连接型社会资本的影响力较强。这说明，团结型社会资本在家族、朋友等非政治型社交中发挥了较强影响力，而连接型社会资本则会促进共同体的社会参与。

崔炳勋、赵显锡（2010）将社会资本分为团结型社会资本与桥梁型社会资本，并分析了两种类型的社会资本对产业集群的创新产生的影响。如果是在人际关系强大的韩国，直接人际关系的团结型社会资本与间接人际关系的桥梁型社会资本的影响与作用不同，因此，将两种社会资本分别进行分析具有重要的理论与现实意义。研究结果显示，团结型社会资本对产业集群创新性并没有影响，而桥梁型社会资本对产业集群的创新性有积极促进作用。特别是结构性要素本身对产业集群创新性没有影响，但通过桥梁型社会资本作为媒介，就会对集群的创新成果产生影响。对此，理论上的启示是，需要对韩国国内产业集群之间的构造要素进行研究，与此同时，也要对集群内的桥梁型社会资本进行分析，因为这对增进产业集群的创新成果有重要意义。

郑南浩、韩熙贞等（2012）将社会资本划分为共同联系型社会资本与共同团结型社会资本，并分析了两种社会资本对信息共享与帮助意愿会产生怎样的影响，此研究通过数据的收集与分析进行了验证。社会媒体的使用者们进行信息共享，这种行动用社会资本理论的观点去解释、并展示了理论框架、进行了实证分析。另外，通过验证哪些要素对社交媒体内信息共享具有影响、对解决实际问题意义重大。研究结果表明，共同联系型社会资本与共同团结型社会资本对帮助意愿产生了积极影响；共同联系型社会资本对信息共享具有正影响，但是共同团结型社会资本对信息共享在统计上没有影响力。在此之前，鲜少有学者研究信息共享与社会资本之间的关系，而此研究对社会资本与社会媒体中的信息共享进行了实证分析。

李时乃、李景烈（2013）分析了 SNS 使用者的团结型社会资本与桥梁型社会资本对在线口碑宣传行为的影响。在线口碑是在企业营销活动中的对消费者选择产品的重要变量，社会资本在社交媒体出现之前就分为桥梁型社会资本与团结型社会资本，并根据两种社会资本的特点进行研究。在此研究中，通过分析发现，团结型社会资本与桥梁型社会资本均对网络口碑有正影响，且桥梁型社会资本比团结型社会资本对线上口碑的影响更大一些。这是因为在网络环境中，SNS 使用者比线下有更广阔的社会连接网络，且以异质性为基础进行线上口碑传播。

朴承观（2013）将社会资本分成了强纽带型社会资本与薄弱纽带型社会资本，并分析了两种社会资本对 SNS 上关系使用之间的影响。结果显示，薄弱纽带型社会资本比强纽带型社会资本对 SNS 上的关系使用影响力更大。研究结果表明，薄弱纽带型社会资本对 SNS 外部关系形成具有明显的积极作用，而强纽带型社会资本对 SNS 使用没有影响。

尹盛骏（2013）对团结型社会资本与桥梁型社会资本对心理健康的影响关系进行了实证分析。社会资本概念的核心是通过人与人之间的相互作用获取资源，而拥有高强度连接（团结型社会资本）与多元化连接（桥梁型社会资本）的成员会拥有更大的社会资本，因此，在此研究中将社会资本分类进行了研究。研究结果显示，团结型社会资本对心理健康产生有益的影响，桥梁型社会资本对心理健康没有影响。在 SNS 的参与量上，团结型社会资本起到了更大的作用，而在 SNS 参与的质量上，桥梁型社会资本发挥了更大的作用。这说明了两点：①社会资本共同体内，作为个人成员的作用。现有研究中指出，团结型社会资本内成员间同质性高、相互依赖程度高，互相之间有情绪上和物质上的帮助。②社会资本的影响力是有差别的。作为社会媒体使用者所属的共同体参与的先行变量，为了提升心理健康，需要强化具有纽带感并能提供情绪支持的团结型社会资本。

李熙贞（2013）聚焦“关系”将社会资本分为纽带型社会资本与中介型社会资本，并分析了这两种社会资本对 SNS 的相互作用产生的影响，以及两种社会资本影响力的差异。结果显示，纽带型社会资本对 SNS 相互作用不产生影响，而中介型社会资本对 SNS 相互作用产生积极性的影响，这是由于通过在线 SNS 与线下原本不相识的人结成了广泛的关系网络，并通过关系网络进行消费者之间的相互作用。

郑南浩、宋孝根（2014）将社会资本分为桥梁型社会资本与团结型社会资本，并分析了两种社会资本对组织市民行动分别具有什么影响。在此研究中，两种社会资本对组织市民行动均具有正影响，但相比较而言，桥梁型社会资本对组织市民行动的影响程度要比团结型社会资本要大得多，团结型社会资本对组织市民行动的影响程度非常低。这与既有研究中主张的“连接微弱、力量强大”具有同样的意义，在 SNS 环境中，本来不熟悉/不认识的人之间进行相互作用且形成社会关系网络，并通过彼此之间的连接进行知识共享等。

庄炫道（2015）分析了桥梁型社会资本与团结型社会资本对知识共享意图与知识共享行为的影响关系。此研究的分析结果可以确定哪种社会资本促进知识的有效利用，并重点构建这类社会资本。研究结果表明，只有团结型社会资本才对知识共享有直接效果，这说明在人们相互交往中，只有在连接达到高强度时才能提高知识共享意图；在人际交往中连接强度较弱时，知识共享意图与行为都表现得较弱。培养以强大联系关系为特征的团结型社会资本，有助于维持持续的竞争力和创造价值，另外，为了提升组织管理人员知识共享意图，需要让其保持紧密的联系（见表 2 -4）。

根据现有研究，社会资本分类研究的必要性有三点：①为了克服现有研究中的局限性。②现有研究结果不统一。有些研究结果显示社会资本具有积极作用，有些研究结果则显示社会资本具有消极作用。③社会资本的功能不同，导致的社会效果也是不同的。因此，要进一步分析社会资本对因变量的影响，并对其进行分类后再做研究。

表 2－4　社会资本分类的文献研究

研究者	研究结果
李铉宇、李志浩（2009）	团结型社会资本对地区主义具有促进作用，桥梁型社会资本对地区主义没有影响
金熙曹（2009）	交友活动中团结型社会资本的影响力较强；共同体组织参与行动中桥梁型社会资本的影响力较强
崔炳勋、赵显锡（2010）	团结型社会资本对产业集群创新成果没有任何影响，桥梁型社会资本对创新成果具有积极作用
郑南浩、韩熙贞等（2012）	桥梁型社会资本与团结型社会资本对帮助意愿均有影响，桥梁型社会资本对信息共享具有正影响，团结型社会资本对信息共享没有影响
李时乃、李景烈（2013）	桥梁型社会资本与团结型社会资本均对线上口碑宣传行为有正影响，但是桥梁型社会资本比团结型社会资本对线上口碑宣传行为更具影响力
朴承观（2013）	薄弱纽带型社会资本对 SNS 的外部关系形成具有积极影响作用；强纽带型社会资本对 SNS 的使用没有任何影响作用
尹盛骏（2013）	团结型社会资本对心理健康有正影响，桥梁型社会资本对心理健康不产生影响。桥梁型社会资本影响 SNS 参与量，而团结型社会资本影响 SNS 参与的品质
李熙贞（2013）	团结型社会资本对 SNS 内的相互作用不产生影响，桥梁型社会资本对 SNS 内的相互作用起到了积极作用
郑南浩、宋孝根（2014）	团结型社会资本与桥梁型社会资本都对组织市民行动产生了积极影响，但是团结型社会资本对组织市民行动的影响力远不如桥梁型社会资本的影响力大
庄炫道（2015）	只有团结型社会资本对知识共享有直接影响

资料来源：根据现有研究分析整理。

四、社会资本的构成要素

由于社会资本的构成是社会资本概念化与评价的基础，研究者根据自己的研究目的与对象的不同运用不同的构成要素（Brown & Ashman，1996），即为了测量社会资本，指标的选择取决于如何选择概念及利用观察单位的范围（Colier，2002）。另外，社会资本的概念是抽象的，在不同的测量单位或特征中无法代表其复杂性，因此在不同领域里，形成了多元化的测量社会资本的指标（Cox，1995）。

在微观方面，个人的社会资本可以被定义为与其有纽带关系的联系网，个人在联系网中所处的位置及其能获得的资源的大小。但是与个人社会资本相比，宏观水平的社会资本（由组织、地区、国家等多人组成的集合体）可以被更多的定义和测定。一是组织本身就是与其他组织建立的纽带关系。将组织视为一个行动主体，特定组织与其他组织建立的社会关系，以此为基础定义社会资本。二是组织成员通过与外部人建立的人际关系的总和来定义组织的社会资本（Burt，1992，2000）。这种定义方法是基于共同体的信赖与支持关系，研究者的研究对象为国家、地区水准的宏观社会资本时采用。

关于社会资本结构的研究，大多是从宏观水平的组织或共同体层面聚焦于社会资本的构成要素。本章梳理了几位主要研究者对社会资本结构的相关内容。

Granovetter（1985）认为，社会资本具有结构内在性（Structural Embedded－Ness）和关系内在性（Relational Embedded－Ness）的特点。

Hakansson 和 Snehota（1995）在以 Granovetter 研究社会资本为基础指出社会资本由结构因素与关系因素构成。

Nahapiet 和 Ghoshal（1998）在研究中主张，组织水准上的社会资本是由多层次构成的概念，包括结构性（Structural）、关系性（Relational）和认知性（Cognitive）等。从结构性角度来说，意味着与特定个人无关的人或单位之间的连接，可以用密度、连接度、阶层和相同的性质来测量；关系性是由信任、义务、期待等测定人与人之间关系的质量；认知层面是在一定的群体内，人们经过沟通和交流共享规范、意义系统或解释等。

Tsai 和 Ghosha（1998）基于 Nahapiet 等学者的研究认为，社会资本由结构性要素、关系性要素、认知性要素和组成。

Pye（1999）通过分析市民性、社会资本、市民社会的相互关联性研究了民主社会的形象。其中社会资本通过信任、协作、连接网的潜力进行了测评，并得出了通过扩充社会资本，可以培育健康市民社会，从而促进民主政治动力的发展。

Fratoglioni 等（2000）在研究中提出将信任、网络、规范作为社会资本的构成因素，并以此为基础分析了加纳国家的农业经济发展情况。

Grootaert（2001）认为，社会资本不仅存在于个人层面，而且是作为整个国家社会发展的必要因素，并以此为基础开发了社会资本的测量指标。他将社会资本分为水平组织、市民社会与政治社会、社会整合、法律和政治管理等制度性构成要素。

Rohe（2004）将社会资本定义为为了相互利益，将协调和合作变得更为方便的网络、规范、社会信任等，其核心组成要素包含了市民参与（Civic Engagement）、个人信任（Interpersonal Trust）及有效的集体活动（Effect Collective Action）等内容。

Jeong（2008）在研究中表明，根据环境、互惠、关系可以将社会资本分为认知因素、关系因素、结构因素。其中，认知因素是指在一个共同环境中，成员间互相支持、相互影响，形成依赖，可以理解为共享和共同认知。关系因素是指基于互惠的支持和相互关系、规范和社会约束力（Coleman，1990；Putnam，1995）、责任与期待（Granovetter，1985；Coleman，1990；Burt，1992）等内容。结构因素主要指社会组织和网络等客观存在的社会结构（Wassernam & Faust，1994；Scott，2000），它对行为者之间的关系模式产生影响（Jeong，2008）。

对于社会资本的构成要素，研究者们有着不同的见解。通过以上研究可知，研究者一直认为，在社会资本的构成要素中，网络、信任、参与、规范是最重要的。

在一些实证研究中，研究者对传统节庆参与社会资本之间的关系进行了分析，分析结果表明传统节庆的参与对社会资本中的结构要素有积极影响。金润宇（2014）分析了福利旅游对社会资本的影响关系，研究发现，福利旅游对参与者的社会资本构成要素中的网络和信任产生影响。

边燕杰（2004）分析了城市居民社会资本的来源及作用，发现社会资本由网络规模、网络顶端、网络差异、网络构成等组成。城市居民的社会网络构成和社会资本总量存在显著差异，领导干部、企业经理、专业人员及其他白领阶层拥有优势的社会网络和较高的社会资本积累，而小雇主和工人的社会资本处于相对劣势地位。

张爽等（2007）研究了在市场化转型过程中，社会资本作为一种非市场力量，它的作用与市场化进程之间的关系。在此研究中，社会资本由家庭层面的社会网络、社区层面的社会网络、家庭层面的公共信任与社区层面的公共信任组成。

金一锡、郭贤根（2007）分析了社区组织加入与否及社区居民组织类型对社会资本的影响。在此研究中，社会资本的衡量指标包括居民纽带、居民惯用型、政治参与等内容。结果表明，在参与社区居民组织的情况下，社会资本水平会提高。

徐尚昆、杨汝岱（2009）在研究中对中国企业社会责任及对企业社会资本的影响进行了实证分析。在其研究中，社会资本的构成要素包括纵向关系、横向关系、信任及社会网络等内容。

吴胜恩（2009）研究了居民自治中心的活性化对社会资本的影响。其中，社会资本由信任、水平网络、垂直网络、制度和规范构成。通过集群分析，将社会资本分为高社会资本和低社会资本两个群体，居民自治中心使用频率越低、年龄越小、居住时间越短，社会资本越低；反之，则容易形成高社会资本群体。

邹宇春、敖丹（2011）分析了自雇者与受雇者社会资本的差异。作者在测量社会资本时用到了7个指标，分别为网络规模、亲属成员数量、交往密度、年龄异质性、教育异质性、性别异质性和种族异质性。

张文宏、张莉（2012）研究了社会资本与市场化之间的关系。在其研究中，对社会资本的测量是通过收集隐性社会资本动员与显性社会资本动员的相关数据进行的。

程聪等（2013）分析了网络关系、内部社会资本与技术创新之间的关系。在其研究中，社会资本由资源观、能力观、网络观等内容构成，并被作者分为内部社会资本与外部社会资本两种类型。

金英、郑奎植和田胜峰（2013）分析了市中心再生产业的本地治理认知程度、形成水准对社会资本的影响。在这个研究中，社会资本的构成要素由信赖、参与、网络、社会包容力等内容组成。研究结果表明，本地治理的认知水准和形成水准对社会资本均产生影响。

尹元秀、杨德顺（2014）分析了济州市民自治中心参与满意度对社区社会资本的影响，在其文中，社会资本的评价指标由信任、规范、网络等要素构成。研究结果表明，参与满足度对社会资本的信任、规范、网络等要素均有正影响。

具慧英、沈贞淑（2014）研究了农村青少年的服务活动满意度、SNS参与度以及对人关系亲密度与社会资本之间的关系。在其文中，社会资本的测量指标由信赖、网络、社会参与等要素组成。研究结果显示，青少年的服务活动满意度、SNS参与度与对人关系亲密度对社会资本的各要素均产生正影响。

陈倩倩、尹义华（2014）分析了民营企业、制度环境与社会资本之间的关系。在其研究中，社会资本的构成要素主要包括社会关系与社会地位。社会关系主要是指政治关系、金融关系、同学关系、企业关系等内容；而社会地位是指专业地位、政治身分、经济身分、社会身分等内容（见表2-5）。

表 2－5　社会资本的构成要素

研究者	社会资本构成要素
Hakansson 和 Snehota（1995）	构造性要素、关系性要素
Nahapiet 和 Ghoshal（1998）	结构层面（密度、连接度、层次）、关系层面（信赖、义务、期待）、认知层面（相互交流）
Tsai 和 Ghoshal（1998）	构造性要素、关系性要素、认知性要素
Pye（1999）	信赖、协作、连接网
Fratoglioni，et，al（2000）	信赖、网络、规范
Grootaert（2001）	水平组织、市民社会及政治社会、法律及治理
Rohe（2004）	市民相关性、社会网络、信赖、组织硬件
Jeong（2008）	构造性要素、关系性要素、认知性要素
边燕杰（2004）	网络规模、网络异质性、网络构成、网络顶端
张爽等（2007）	家族社会网络、地区社会的社会网络、家族信任、地区社会信赖
金一锡、郭贤根（2007）	与邻里间的非正式性纽带、宽容性、制度化信赖、政治性参与
徐尚昆、杨汝岱（2009）	垂直关系、水平关系、信赖、网络
吴胜恩（2009）	信赖、网络、制度及规范
邹宇春、敖丹（2011）	7 个指标，3 种不同类型社会资本
张文宏、张莉（2012）	隐性社会资本的动员力，显性社会资本动员的动员力
程聪等（2013）	内部社会资本、外部社会资本
金英、郑奎植等（2013）	信赖程度、区域社会参与度、网络、社会包容程度
尹元秀、杨德顺（2014）	信赖、规范、网络
具慧英、沈贞淑（2014）	信赖、网络、社会参与
陈倩倩、尹义华（2014）	社会关系、社会职位、社会名誉

资料来源：根据现有研究分析整理。

总结社会资本的现有研究发现有如下特点：Hanifan 在 1916 年最早开始对社会资本进行研究，并对社会资本进行了定义。以此为契机，Jacbos 等人（1961）在研究中针对社会资本定义进行了讨论，后来 Bourdieu 对社会资本的定义展开了正式研讨。在学术领域中，对社会资本的概念是以 Bourdieu、Coleman、Putnam 等人为主进行研究的。从 1998 年开始，随着社会资本封闭性、排他性、自有限制、对集体成员的过度要求等特征的发现，研究者开始就其消极功能展开讨论。除了对社会资本的作用及功能的讨论之外，对于社会资本的类型与形成路径也开展了积极的研讨。起初，Woolcock 将社会资本分为团结、连接、联系；2000 年 Putnam 将社会资本分为团结型社会资本与桥梁型社会资本；2006 年 Willams 开发了社会资本的团结型社会资本与桥梁型社会资本的测量指标；2007 年 Coffe 将社会资本分为团结型社会资本和桥梁型社会资本并进行了实证研究。特别是在 2009 年以后，韩国将社会资本分类后进行的研究非常活跃。从研究趋势来看，将社会资本分为上述两种类型进行研究，可以使人们对社会资本的理解更加具体、系统。

但是在旅游领域中对社会资本分类进行的分析研究并不尽如人意。因此，在多元化社会资本共存的视角下，团结型社会资本与桥梁型社会资本对旅游开发成果具体产生什么影响值得探讨。

社会资本有两个层面，即团结型社会资本可以表明共同体内部成员的作用，桥梁型社会资本可以探明集团的行为。例如，团结型社会资本对心理健康产生更大的影响，这一研究结果表明集团内部成员之间的相互依赖性更高、相互之间要有情绪上和物质上的支持。同时，既有研究表明，桥梁型社会资本可以缓解地区主义，这一结果表明通过与外部集团的联系建立范围更为广泛的连接网络。以上研究结果表明，在研究社会资本时需要将其进行分类，这样可以具体分析机体内进行的个人行动，以及各种组织的行动，帮助我们了解社会资本的作用机制。

Wouter Poortinga（2006）分析了团结型社会资本对个人及共同体健康（Individual & Community Health）之间的联系。在他的研究中，团结型社会资本被分为社会性支持（Social Support）、信赖（Trust）、市民参与（Civic Participation）等要素。研究结果表明，团结型社会资本的社会性支持、信赖、市民参与要素都对个人及共同体健康产生良好的积极影响。

Charles Steinfield 等（2009）的研究分析了社会资本与 SNS 使用之间的关系。该研究将社会资本分为团结型社会资本和桥梁型社会资本，通过因子分析，团结型社会资本由 4 个要素组成，即情感支持、资源获取、团结调动、对外抵触等。

Larissa Larsen、Sharon L. Harlan、Bob Bolin、Edward J. Hackett、Diane Hope、Andrew Kirby、Amy Nelson、Tom R. Rex 和 Shaphard Wolf（2004）在研究中分析了团结型社会资本与桥梁型社会资本对市民行为的影响。在这项研究中，为了分析团结型社会资本是否有利于解决邻居之间的问题，使用了两个评价要素；而桥梁型社会资本则用了“邻里关系间的信赖与协作”作为测量要素。

通过现有研究，可以确认社会资本的测量非常多元化，但是在这些评价要素中，表现出了一些共同之处，即在成员或集团、组织或共同体等相互关系中形成的信赖、社会网络、规范等。基于社会关系网的密度、强度，社会资本明显表现为两种不同特征与社会效果。因此，本章将对社会资本分类后进行分析，即分别验证团结型社会资本与桥梁型社会资本对区域旅游开发成果的影响。

通过对以上社会资本的团结型与桥梁型社会资本的评价研究，确定社会资本的两种类型具有不同的概念、属性、构成要素和效果。因此，为了进一步了解本研究中的社会资本，将社会资本进行了分类，即分为桥梁型社会资本与团结型社会资本并进行实证分析。

第三节　不同地区社会资本的比较研究

社会资本的来源是文化和制度，根据每个国家不同的文化和制度会呈现出不同的社会资本（Fukuyama，1995；林蕙兰，2007；宋景在，2008）。社会资本始于社会成员主观认识，并以此为基础形成的共识，因此国家之间的文化差异会导致社会资本形态产生差异（韩尚日，2008；朴熙奉等，2005）。通过对现有研究的分析，可知地区间、国家间形成的社会资本水平会有所差异，这可以从文化层面来解释。

一、地区间社会资本的比较研究

金泰俊等（2006）分析了韩国大城市、中小城市、城镇等地区之间关于互惠和信赖（人与制度相关）、对地方的见解（满足度、环境问题、对地方未来发展的期待等）、市民参与、社会性网络及社会资源之间的差异。①从对地方的见解层面来看，满足度分析结果从高到低依次为大城市、中小城市、城镇，大城市的满足度最高。在环境层面，噪音、娱乐设施、垃圾问题出现了地区之间的差异，分析结果从低到高依次为城镇、中小城市、大城市，城镇的环境问题较轻，中小城市以及大城市的环境问题较为严重。这意味着韩国地区在发展过程中，投资及基础设施建设都集中在了大城市，且在发展过程中没有考虑到环境问题，导致地区间发展不平衡。在未来发展的期待层面，城镇的贫困、教育条件、失业率会变得更加严重，这些结果代表了韩国落后地区的人们对未来的认识。从社会整合的角度看来，政府正在推进的“行政复合型城市”“企业型城市”等以城市为中心发展的策略能否解决以上问题，非常令人怀疑。②从互惠和信任的角度来看，中小城市的人对大城市带有一定程度的剥夺感，尤其对于制度怀有批判和怀疑，导致对制度的信赖性降低；从分析结果可获知，与大城市及中小城市相比，城镇居民对人的信任度更高。③从市民参与角度来看，地区间参与投票存在着差异。④从社会网络与社会支持层面来看，城镇地区邻居们的对话频率最高，其次是大城市、中小城市。另外，据调查，在地区居民之间的相互合作中，城镇地区分值最高。而在社会性帮助意图上来看，城镇地区分值最高。这些结果显示，与城市相比，农村和城镇形成的以社会网络和社会支援为主要特征的社会资本水平较高。

朴基德、河胜奎（2009）分析了农村地区和首尔地区社会资本之间的差异。在这项研究中，社会资本的构成要素由社会性网络、信任、规范等构成。分析结果显示，两个地区之间的社会资本存在着明显差异。与首尔地区相比，农村地区的社会资本三个构成要素的分值显著高于首尔地区。作者将此结果解释为是由个人角度的文化差异造成的。

金江昊（2010）分析了城乡社会资本对心理福利感的影响。在这项研究中，社会资本由社会网络、信赖等因素构成并进行衡量。对于家庭关系中表现出的社会性关系网络以及乡村、城市的社会关系之间没有表现出差异；在人与人之间的信赖方面，乡村居民比城市居民表现出了更高的信赖程度。对“社会资本对心理福利感的影响”分析结果显示，社会资本的构成要素，即社会关系网及信赖都对心理福利感产生积极的影响。在社会关系网络中，乡村成员的家庭关系对心里福利感的影响要显著高于城市居民；相反的，乡村成员的社会关系网络对其职业和健康的影响力较低，而城市居民的社会关系网络影响力要优于乡村。根据调查还发现，在信任层面，城市地区的信任要素对心理福利感产生了积极影响，而在乡村地区则没有任何意义。总体来说，社会资本对心理福利感的影响程度因地区不同而有所差异。

文昌勇、罗州梦（2015）以城市中心地区居住类型为研究对象，对社会资本与居住满足度之间的关系进行了对比分析。在这项研究中，将居住类型划分为市中心居住类型、公寓居住类型、单独住宅居住类型三种，对其社会资本与居住满意度之间的影响分析结果为，根据居住类型对居住满意度产生影响的社会资本要素是不同的。

二、国家间社会资本的比较研究

在林蕙兰（2007）的研究中，以信赖为焦点，比较了韩国、日本、中国台湾地区的社会资本。韩国的情况是，大德园区正式、非正式形成的社会性网络数量较多，且存在着相当多的组织，这种网络基础是以学缘和人脉为基础的，信赖的源泉也建立在学缘和人脉之上。在这种情况之下，建立行为者之间水平合作网络并不容易，信任度呈现出一种较低的状态。日本的情况是，社会性网络的建立超越了血缘和家庭，由于是基于职场等二次集团形成的，因此对制度信赖具有良好的促进作用。中国台湾地区的情况是，集群内产学研合作关系的基础是人脉、关系等社会网络，并因此形成了信任。

宋景在（2008）在研究中分析了韩国和菲律宾两国社会资本与民主主义制度满意度，并最终提出了政治建议。在此研究中，社会资本以信任、社会网络、互惠、规范为构成要素，通过因子分析，重新将信任分为私信与公信两种类型。分析结果显示，社会资本的个构成要素决定了民族主义路径的满足程度。在信赖层面，韩国与菲律宾出现了不同情况。①私人信赖在韩国表现不明显，但是在菲律宾却很显著；②在公共信任方面，韩国只有议会制度信赖对民主主义满意度有影响，而菲律宾则表现为议会制度与市民参与都会民主主义满意度产生影响；③对个人的信赖与制度的信赖越高，民族主义满意度就越强。文章基于两个国家社会历史脉络特征不同，解释了两个国家社会资本差异的形成原因。也就是说，从社会内的关系、市民规范和民主认知等角度来解释不同国家社会资本的差异。

韩尚日（2008）比较了韩国和美国的社会资本对社区参与之间的关系。在这项研究中，社会资本的构成要素包括内部社会资本和外部社会资本，社区参与由共同体参与、共同体会议参加等要素构成。内部社会资本包括合作、建议、亲密度、熟悉度、相互作用等内容，外部社会资本包括共同体意识、信任、价值共享、规范、外部网络连接等内容。分析结果显示，除了亲密度与外部网络之外，大部分社会网络构成因素表现为美国数值要高于韩国。这说明，在大都市圈，地区共同团体与其成员如何认知社会关系决定了社会资本积累的程度，其中包括了协作、建议、熟知度、相互作用的范围、共同体认识、信赖、价值、规范等领域，而个人主义或集体主义代表的文化价值无法决定社会资本的积累程度。结果显示，与韩国相比美国积累了更高程度的社会资本。相反，外部网络显示韩国比美国的平均值更高，这可能是因为韩国，尤其是首尔，个人的活动领域不仅停留在首尔地区，而且通过职场、学缘等产生了扩张，建立了更广泛的外界联系。

李政洲（2008）的研究对社会资本与腐败之间的关系进行了多个国家间的对比分析。在该研究中，社会资本被分为团结型社会资本与桥梁型社会资本两类，并进行了评价衡量。总结研究结果如下，在腐败和社会资本的关联中，越是清廉的国家，桥梁型社会资本越多，团结型社会资本就越少。①在各个国家中，桥梁型社会资本积累程度最高的是挪威，其次为瑞典、芬兰等，而韩国的桥梁型社会资本平均值较低，说明其累积程度较低。②从各个国家团结型社会资本的平均值来看，土耳其的团结型社会资本积累程度最高，其次是韩国、墨西哥、波兰等国家；与此相反的，团结型社会资本积累程度较低的国家有芬兰、瑞典、挪威等，他们拥有更多的桥梁型社会资本。韩国的团结型社会资本平均值较高，反映出在韩国以学缘、血缘、地缘关系等为纽带，建立起来的垂直的、纵向的近亲主义文化占较大比重。

李熙昌（2013）在分析社会资本对国家认同感的研究中，比较了三个国家的社会资本。在他的研究中，将社会资本分为规范、信任、参与并进行测量。通过因子分析，信任被划分为个人信任、一般信任与政府信任。对比三个国家之间的社会资本水平差异状况，发现美国的个人信赖水准较低，一般信赖、团体参与、规范意识高于韩国和中国；相反，韩国和中国的个人信赖和一般信赖之间的差异显著，参与和规范意识相对较低。另外，在政府信任层面，与韩国和美国相比，中国的数值显著高出很多，这种结果显示了不同国家的社会特征。因为，美国的社会结构是以一般信任、参与、较高的规范意识为基础形成的一种多元化社会；中国是基于个人信任和政府主导权威主义的社会；与美国和中国不同的是，韩国在信任结构和社会参与中表现出了显著的以私人信任为基础的社会结构特征。另外，通过各国社会资本对国家认同感影响的对比发现了各个国家之间存在的差异。就韩国而言，私人信任对提高国家认同感具有巨大影响力，中国显示出政府信任对提高国家认同感是最有效的变量，而美国的情况是社会资本的两种类型都对国家认同感具有显著影响力（见表2－6）。

表 2-6　社会资本的比较研究

研究者	研究内容	比较对象	构成要素	结　论	差异原因
金泰俊(2006)	地区间社会资本水平是否有差异	大、中小城市、乡镇	互惠与信赖，市民参与，社会网络，社会支持	有差异	经济、制度、文化
林蕙兰(2007)	韩国、日本及中国台湾地区的社会资本的对比分析	国家间比较	信赖	有差异	文化层面
宋景在(2008)	韩国和菲律宾之间的社会资本对民族主义之间的关系	国家间比较	信赖、社会网络、互惠	有差异	制度、文化
韩尚日(2008)	韩国和美国的社会资本对社区参与之间的关系	国家间比较	内部社会资本、外部社会资本	有差异	文化层面
李政洲(2008)	社会资本与腐败之间的关系	国家间比较	信赖	有差异	文化层面
朴基德、河胜奎(2009)	首尔与乡村地区的社会资本与共同体活化之间的关系	城市、乡村	社会网络、规范、信赖	有差异	文化层面
金江昊(2010)	城市与农村的社会资本对心理福利感的影响	城市、乡村	社会网络、对他人的信任	有差异	文化层面
李熙昌(2013)	韩国、中国、美国社会资本与国家政体性之间的关系	国家间比较	规范、信赖、参与	有差异	制度、文化
文昌勇等(2015)	根据居住空间类型不同，居民的社会资本对居住满意度影响	居住类型间比较	信赖、规范、社会网络、参与	有差异	制度、文化

资料来源：根据现有研究分析整理。

第四节　本章小结

社会资本存在于人与人之间的关系网中，表现为信赖、连接、规范、网络、参与等形式，是对地区经济发展、非经济发展的重要影响要素之一。即使其他条件相同、开发的项目也都类似，但是地区发展的程度也呈现出不一样的成果，这是由该地区社会资本积累的程度不同决定的。对此，国外的旅游领域也对社会资本的积极影响进行了较多研究。

社区旅游开发产生的经济成果与非经济成果，在其影响因素中不能忽视社会资本的影响力。通过现有的研究分析发现，社会资本不仅对社区发展的经济性成果、非经济性成果产生影响，而且对社区旅游开发的经济成果、非经济成果产生积极影响。但是，在现有的研究中，社会资本的评价测量都集中于结构性因素、关系因素、价值共享因素等方面，专注于桥梁型社会资本与团结型社会资本分类研究较少。社会资本的两种类型具有明显不同的特征及其效果，因此，本章对社会资本的分析将以 Pautam 对社会资本划分为基础，分别验证两种类型社会资本对区域旅游开发成果的影响。

在对社会资本积极影响的现有研究中，可以找到关于国家间、地区间社会资本的对比分析。在这一类研究中发现，国家间、地区间形成的社会资本不同，且社会资本的影响力也有所不同。研究者从文化层面和制度层面解释了国家间、地区间的社会资本形成与效果的差异，即国家间、地区间不同的文化特性和不同的制度，导致社会资本的积累程度以及其产生效果的差异性。但是，在现有的研究中，虽然对国家间、地区间的社会资本的效果进行了对比分析，但对其分析结果，即社会资本的差异性仅限于推测及文字阐述，缺少实证分析。因此，本章基于此局限性，将以中国的汉族和少数民族实行乡村旅游开发的地区为研究对象，对两个地区的社会资本进行比较，并试图从文化差异层面进行分析。

第三章　旅游开发成果相关文献研究

第一节　经济社会发展指标的研究综述

一、经济社会发展指标的演进与趋势

（一）指标体系的演进过程

经济社会发展综合性指标的演进，并不仅仅是统计技术上的进步，还包含了人们对经济社会发展的不断认知。20 世纪 50 年代以来，全球经济进入飞速增长阶段，但在经济增长的同时也暴露了诸多问题，例如环境污染、贫富差距、不公平的收入分配等，人们开始逐渐意识到，经济增长并不等于社会发展，于是，开始重视经济社会的综合协调发展。1983 年，法国的经济学家佩鲁在《新发展观》中指出，经济与社会、人与自然的发展应同时关注，强调社会发展应以人的价值、人的需求和人的潜力为根本，满足人们自身需求。1987 年，联合国环境与发展委员会在《我们共同的未来》中正式提出“可持续发展”的概念，“既能满足当代人的需要，又不能损害后代人满足其自身需求的发展方式”。从 1990 年起，联合国开发计划署开始每年发行《Human Development Report》（人类发展报告），此报告体现了“以人为本，以自由为导向”的发展观。目前，以人为本、注重生活质量提升的发展观念已经成为发展的主流观点。

与此对应的经济社会发展的评价指标，从 20 世纪中期开始受到了研究者的广泛关注，得到了快速的发展和完善。最早的关于经济社会发展综合性指标的相关研究是在 1933 年，美国出版的社会趋势报告是研究经济社会发展综合指标的代表作。

一般认为，经济社会发展指标的研究兴起于 20 世纪 60 年代的美

国。美国的健康、教育和福利部推动了社会指标运动的发展。其撰写的《经济指标和健康、教育和福利》一书被认为是经济社会发展指标的代表作。同一时期，美国宇航局和美国艺术科学院也开始对经济社会发展指标进行了系统研究，并将其研究成果应用到美国民众的生活中去。

随着对经济社会发展指标研究的不断深入，不管是在研究方法上还是在研究范围上都有了较大的发展，且数理统计技术的发展为指标的研究和应用奠定了基础。在研究范围上，目前在国际组织、国家和地区三个层面对经济社会发展成果指标的研究都有了大量的成果，综合指标在政策制定、评估人们生活质量和国际比较中发挥了重要作用。

（二）指标体系的发展趋势

从经济社会发展指标体系发展过程可以看出，指标体系较为多元化，但在多元化的背后，它们具有相同的逻辑和思维方式。本书虽然认为各个指标体系都各有所侧重，且制定者和评价范围各有不同，但是对当前主要应用的指标体系的构建和相关研究成果反映出了一些共同理念和发展趋势。

（1）对 GDP 的修正。GDP 是目前公认的世界上应用最广泛，且最主要的发展指标，但 GDP 的局限性导致对 GDP 的修正和调整成为一直以来研究中的一项重要工作。在这些对 GDP 的修正中，最具代表性的有 MEW（经济繁荣测度指数）、ISEW（可持续经济繁荣测度指数）、GPI（真实进步指数）等。MEW 于 20 世纪 70 年代初由著名经济学家诺德豪斯和托宾提出，他们认为 GDP 并不是一个完美的指标，因而设计了 MEW 和可持续 MEW，且分析了 MEW 和 GDP 之间的关系，发现 MEW 虽然与 GDP 是正相关关系，但是 MEW 的增长速度低于 GDP 的增长速度。

ISEW 和 GPI 既考虑了 MEW 所考虑的问题，也考虑了分配问题和环境问题，并且对经济健康发展的促进因素与阻碍因素进行了区分。与 GDP 相比，ISEW 和 GPI 的计算加上了家庭劳动、义务劳动的价值等变量，减去了犯罪、污染、资源消耗等变量值，且根据收入分配等因素进行了调整。

（2）对指标分析平均值的淡化。当前国内对经济社会发展指标进行分析往往使用“均值”掩盖了许多问题，例如忽略了真正的穷人和弱势群体实际生活的情况以及他们面临的难题。当前指标体系发展的趋势之一是淡化平均指标。在这方面一个经典的案例是联合国千年发展目标在MDG中，没有“人均”指标，没有“贫困地区人均”“欠发达地区人均”等内容，而是直接表明各类群体的数量及其所占比例，而且把有关儿童、孕产妇以及女性等弱势群体生存与健康、教育与就业等状况的相关指标单独列出，以防笼统地并入成人、男性一起进行统计分析，会掩盖他们的实际情况及困境。

（3）设计独立指标板块来关注特殊群体、弱势群体。2006年，在不列颠哥伦比亚省区域社会经济发展指标（BC Statistics Regional Social - Economic Indicators）发表的新指标体系中，将弱势群体的利益放在较为重要的位置，其中包括七大部分，分别为经济困难、经济困难的改善、健康、教育、儿童、青年、犯罪。在该指标体系中，经济的权重并不高，而且具体的经济指标是衡量弱势群体经济状况的，例如领取最低生活保障的人口比例、贫困人口的比例、收入不平等指数等。该指标体系将经济困难度的变化单独列出来，这一部分是为了追踪弱势群体经济困难的变化情况，比如接受政府资助的比例有没有发生变化等。例如在美国佛蒙特州的社会福利（Social Well - Being of Vermonters）中，提出了衡量生活质量的指标体系，将孕妇、障碍人士、儿童和青少年的实际生活状况都单独列出来。由此可以看出，当代综合指标体系发展的一个重要趋势是设计相对独立的模块来衡量特殊群体的利益，而这些群体往往更需要的社会支持。

（4）设立指标体系时充分考虑民意。目前，政府机构、非政府机构、研究机构等相关从事经济社会发展指标体系设计工作的组织，开始重视当地居民的需求，即民意。在设计指标体系前，会对民意进行调查，根据调查结果来制订与民生相关的各项指标。以民意为基础进行指标体系的构建包含了两层含义：①对指标进行选择时需尊重民意，选择居民关心的指标来构建体系；②通过民众的参与来加强指标体系的政策效应。在基于民意构建指标体系方面，在《Natural Resources Canada´s Atlas of Canada》的报告中，指标体系着重衡量居民的休闲、活动、社区环境等方面的问题，且提供了从社区层面到国家层面的数据。

（5）指标体系对自然环境保护的愈加重视。自从可持续发展的理念提出后，在经济社会发展指标体系中呈现出一个显而易见的趋势，就是对自然环境的保护。典型的例子如加拿大的 The National Round Table on the Enviroment and the Economy（简称 NRTEE），该体系把环境资本看作同人力资本同等重要，认为这两项是加拿大发展的重要支柱。其目标是为了建立一套具有可行性、易于理解和推广的体系，以促进加拿大的可持续发展。由此，注重对自然资本、人力资本的考察。该指标体系共设计了六个方面的指标，其中五个方面的内容均涉及环境保护，包括考察空气质量指标、淡水质量指标、温室气体排放指标、绿化率、湿地面积等。

（6）指标体系对社会凝聚力的强调。社会凝聚力是一个国家社会和谐程度的重要体现，近年来社会凝聚力的概念受到越来越多政府和国际组织的关注，逐渐成为研究的热点。从 20 世纪 80 年代末至 90 年代，社会凝聚力作为福利研究分析的一个维度引起了人们的关注，社会凝聚涉及个人、集体、组织、制度和国家之间关系的协调，强调社会融合、团结和稳定的价值。

在关注社会整合方面，一个影响深远的例子是加拿大社会发展议会给出的评价指标体系。该指标体系从收入分配、机会、生活质量、社会合作和社会参与等方面来评价社会整合制度。

二、经济社会发展指标体系的研究范围与方法

（一）指标体系的研究范围

在国际组织的层面，最有代表性的是联合国发展计划署的千年发展

目标和每年发布的人类发展报告。在人类发展报告中，对上百个国际指标上进行了国家之间的比较，包括经济、性别、贫困、教育主和环境等内容。许多世界顶级指标专家参与了欧盟综合社会指标方面的相关研究，并获得了充足的经费支持。如欧盟社会指标（EU Social Indicators The Atkinson Report）已经具备了较为深远的政治影响，成为欧盟议会的重要议题之一。经合组织（OECD）对社会指标的研究可以追溯到20世纪70年代，OECD对经济社会发展指标的研究一直处于领先地位。OECD有其专业的研究机构对经济社会发展的指标进行系统和深入的研究，其发布的OECD社会指标明确提出发展指标目的为：①评价OECD国家的经济社会发展状况；②社会指标怎么推动社会的良性发展，为社会发展带来正面影响作用。

在国家层面，许多国家制定了符合自己发展规律与国民要求的指标体系。从政府部门到科研机构，投入了大量的资本和精力去构建和完善自己的指标体系。指标体系的构建和完善对其政府制定政策的影响较为深远。在全球化背景下，各国制定经济社会发展指标进行信息共享、互相借鉴，注重国际间的比较。因此，经济社会发展指标的构建越来越趋于科学化、合理化、可操作化。

在地区层面，1995年联合国人类定居中心与世界银行联合提出一套评价都市发展的指标体系。2000年，欧盟和英国分别制定了社区指标体系“走向社区可持续发展：欧盟公共指标”，以及“社区生活质量指标”。在美国，城市和社区在规划过程中追求可持续发展，虽然美国没有一个同比标准的经济社会发展指标体系，但是美国很多州、城市，甚至小城镇都建立了自己的指标体系，如加利福尼亚、华盛顿、佛罗里达等地区，都会依据自己的指标体系定期发布评估成果。

综上所述，虽然国际组织层面、国家层面和地区层面的经济社会发展指标体系，针对各地发展具体情况有所差异，但是总体而言综合指标体系涵盖了经济、社会、环境三大维度（见图3－1）。

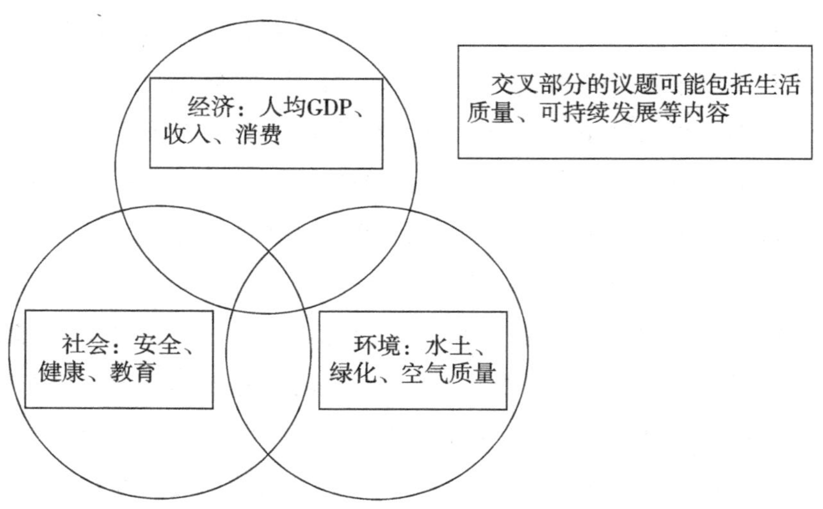

图 3－1　综合指标的三大维度

资料来源：周长城，谢颖．经济社会发展综合评价指标体系研究[J]．社会科学研究，2008（1）：89－94.

（二）指标体系的研究方法

在中国，经济社会发展的综合指标研究已经广受关注，且产生了较多的研究成果。在中国社会指标体系的研究中，研究方法也日趋深入和成熟，但还有不足。在国际上有影响力的社会综合指标体系都会定期发布报告，公布档期指标的评价数据并揭示其发展趋势，在时间上的纵向比较研究是衡量一个国家或地区社会指标成熟与否的重要标志。而中国对经济社会综合评价指标体系往往缺少长期的跟踪研究，难以进行时间上的纵向比较，是研究的一大缺陷。

例如，德国社会指标体系建立了一个详细的指标数据网络，提供了时序数据的指标体系，把 19 世纪到 20 世纪的观察期作为政府决策的重要参考依据。瑞典统计局从 1974 年以来，在政府资助下设立了专门的调查统计部门来系统分析社会指标数据。该指标体系包括 13 个领域的内容：教育、就业、劳动条件、收入与物质生活水平、住房、交通、休闲、社会网络、社会参与、犯罪率、卫生、社会流动等内容。由于受调查对象每年发生的变化较小，不方便进行对比，因此，瑞典的统计调查是以 8 年为一个周期，方便进行时间横向的比较。它是指地区或国家之间对同类的两个或两个以上的事物进行比较。

三、指标体系建立的原则

（一）科学导向性原则

指标体系的建立应以科学发展观为导向，其设计要充分体现目标的内涵、特征及科学发展观的核心内容。应针对地区发展面临的主要问题和实际情况，确定关键性、决定性的指标。既能体现当前地区发展的水平与现状，又能反映出地区发展的动态变化。

（二）指标系统性原则

地区发展是一个多方面、多层次的复合性概念，发展应是社会各方面的整体发展，不仅涵盖经济发展，而且还要考虑地区社会文化、环境、教育等各方面的因素。因此，经济社会发展的指标体系应从社会整体出发，研究经济、社会、政治等领域发展过程的特征，以及各个领域之间的相互联系，指标体系的选取应侧重于反映社会整体状况。系统性原则首先要求指标体系在设计之初，应遵循全面、综合性原则。既要有总体描述，又要有抽象描述评价目标的内涵、特征的功能。每项指标都能作为一个观察总体特征的角度，并能相互配合作为一个有机的、较全面的、系统科学的反映、涵盖和描述评价对象。这就要求在建立指标体系时，尽可能将重要的、关键性的指标囊括到体系中，并将其进行分类、划分为不同层次，便于深入分析和研究地区发展及其发展变化。

（三）指标体系的可比性原则

指标体系的构建应考虑两方面的可比性：①同一时期对不同地区之间的横向比较；②同一地区在不同时间的纵向比较。考虑以上两点，以保证经济社会发展的综合指标体系能发挥其应有的作用。因此，在设立指标体系时，要注意过于强调创新的问题。比起创新更重要的是强调设计的指标体系能体现出地区发展的一般性特征，这样更具有普遍适用性与可比性，提高指标体系的适用范围。

（四）指标体系的可操作性原则

构建指标体系的目的是为了在实践中，衡量地区的发展状况以及追踪其发展变化。一些指标虽然在理论上很有意义，但缺乏现实可操作性。如果勉强建立会带来分析上的误差，无法准确描述地区发展的真实情况，得不偿失。另外，指标的设立需要考虑到数据获取的容易性和可测性，对于一些难以获取的数据，无法支撑指标体系的分析，设立这样的指标便没有意义。

要达到指标体系的可操作性，必须做到两点：①指标体系的个像指标因素必须概念明确、内容清晰，能够世纪计量和测算，便于量化分析。过于抽象的概念或理论范畴不适合作为指标体系的构成内容。②设立的指标应力求达到计算方法简便，可以使用常规的或已经被人们广泛采纳的计算方法，在已经采集的数据基础上进行计量分析，做到通俗易懂，便于使用和推广。

（五）指标体系的针对性原则

每个国家、地区甚至组织有自己的发展特征及发展规律，在设计和制定发展体系的工作中，应充分考虑其发展现状及问题，将地区居民的个人需求纳入进来，进行指标体系的构建。且构建的指标体系随着社会的发展进行及时的补充和调整，使其发挥作用，反映地区发展的真实情况，成为有价值的资料。

（六）指标体系的动态超前原则

经济社会与科学发展观都是在不断发展变化的，是一个长期动态的过程，因此，经济社会发展指标体系也必须相应地具有动态性。指标体系的动态性主要体现在三个方面：①个性评价指标应具有时代性，能充分体现经济社会发展进程的方向和目标，针对一个时期内经济社会发展水平及问题相对固定；②评价指标应具有一定的阶段性，形成“动态管理”的修订、补充机制，根据经济社会发展的实际情况做出适时的调整；③经济社会发展的指标体系不仅要适应当前发展的需要，还应该具备超前性，要对经济社会的发展进行充分的预测，保证指标体系使用的长久性。

第二节 社会资本与旅游开发成果的关系

一、区域发展的概念及意义

在与发展相关的早期研究中，倾向于将经济发展（Econic Development）或增长（Growth）视为同一概念。然而，第二次世界战以后，联合国将生活水平的提高作为经济发展的主要目标，世界各国也建立了社会、经济、文化方面的发展规划，经济发展的含义因此也发生了变化（Arndit，1987）。这种变化的过程大致分为经济开发和社会开发，经济开发意味着对雇佣、收入、生产力等人类外部状态的计划性变化，而社会开发则是包括社会价值在内的社会的全面变化。社会开发是指包含社会性价值的社会多元化层面的变化，即指低于社会多元化层面的发展（李熙昌，2005）。

联合国经济与社会理事会（ECOSCO）将地区视为国家的一个下级单位，它将地区发展定义为“居民们通过当地政府的努力与合作，使地方的经济、社会、文化得到发展，而地区经济、社会、文化的发展提升到国家的生命力层次，对国家发展做出全面贡献的过程（金延泰，2007）”。Lotz（1970）认为，地区发展是指为了改善居民生活条件而实践的居民参与、调整等所有努力的整合，Dunbar（1972）将地区发展看作是地区居民长期以来共同努力所达到的一系列社区改善。Pell（1972）的研究认为，地区发展包括生活过程、生活持续性、生活适应、需求满足，以及最终让居民关心对自我的满足。同时，金勇应等（2003）指出，地区发展是在多个单位空间的广泛地理领域中，为了实现地区的产业化和城镇化而进行的基础设施建设，以及社会经济条件改善等活动，强调了地区发展过程中环境的重要性。

地区发展的意义可以根据时代不同、领域不同进行不同的解释，把体现地区发展的标准扩大到经济、社会和环境领域，地区发展的衡量还可以传统资本积累程度的一个单一层面为中心进行（苏进光，2004）。20 世纪 90 年代以前的研究将地域发展看作地区经济发展，将地区发展定义为“为了增加相应地区的雇佣、工资、生产率等经济因素的过程（Storper，1997；Beer 外，2003；Armstrong & Taylor，2000）”。在 20 世纪 90 年代以后，在以经济增长为主的发展过程中，发生了环境破坏和地区贫富差距等问题，这些问题随着社会认知和关注而逐渐暴露出来（金勇应，2003）。这时，人们将这些问题与经济发展联系在一起，对社会、生态、政治、文化等观点囊括进地区发展的认知中（Geddes & Newman，1999），也就是说，社会不平等的消除、确保环境可持续的可能性、强化政府和国家的力量、认可文化多元性等多种观点和主体，都是属于地区发展这一概念的（Haughton & Counsell，2004）。

在同一时代背景下，地区发展的类型和属性也会根据不同国家、统一国家内不同地区的不同存在着差异。根据 Castells 的主张，发展的根本是一种地理现象，如果缺乏了空间、领域、场所、规模等地理学的信息，地区发展就无从谈起（Castells，1983）。根据 Canzanelli 的观点，地区居民认识的地域发展意义是不同的，只有居住在该地区的人才能决定该地区的区域发展的内容（Canzanelli，2001）。这意味着在某些地区，区域发展的意义是由居民的认知决定的。金红裴等（2008）等强调，韩国的区域发展应先对该地区的现状及特性进行诊断，根据诊断结果制定地区发展战略。

二、社会资本与发展的经济性成果

现有研究发现，在社会资本结构层面上，人们之间的合作、强大的纽带或社会关系的强度都与发展过程中的经济性成果有关联（Olson，1982；Uzzi，1996；Newton，1999；Peng & Luo，2000；Acquaah，2007）。

同时，作为社会资本的核心的信赖要素，体现了人们之间的关系，可以促进经济成果的提升（Fukuyama，1995；Dyer & Chu，1997；Knack & Keefer，1997；Zak & Knack，2001；Whiteley，2002；申东烨，2002）。

B. Sjoerd 等（2003）对社会资本与经济增长的关系进行了分析。该研究将社会资本分为团结型社会资本和桥梁型社会资本并进行了实证分析。在团结型社会资本的情况下，可以将其看作家族关系；而桥梁型社会资本可以视作对联盟组织的加入。研究结果显示，桥梁型社会资本对经济成果具有积极影响，而团结型社会资本对经济成果产生负面影响。

B. Batjargal(2003）将社会资本分为了强大连接社会网络和薄弱连接社会网络，并对社会资本与创业成果之间的关系进行了实证分析。薄弱连接社会网络通过测试“认识的人”来评价，强大连接社会网络通过测试“亲友”来评价。在该研究中，对俄罗斯 3 座城市的 75 家企业的职员进行了数据收集。分析结果显示，薄弱社会连接网的社会资本对创业成果有着显著的正面影响，而强大社会连接网对创业成果具有负面影响。

W. B. Steven 等（2012），分析了社会资本和企业经济性成果之间的关联性。在这项研究中，社会资本被分为强大连接的社会资本与薄弱连接的社会资本。分析结果发现，强大连接的社会资本不影响企业的经济成果，而薄弱连接的社会资本对企业经济成果产生负面影响。

S. Wouter 等（2014）分析了企业家的社会资本对企业经营成果的影响，并对社会资本从团结型社会资本（Bonding View）和桥梁型社会资本（Bridging View）进行了分析。研究结果显示，团结型社会资本、桥梁型社会资本都对企业的成果产生积极影响。具体而言，桥梁型社会资本对新成立的企业的经营成果的影响力更强，而团结型社会资本对成立较久的企业影响更大。

J. Han 和 Daniel J. Brass（2014），分析了社会资本与团队创造性的影响关系。在这项研究中，将团结型社会资本与桥梁型社会资本作为分析研究的对象。分析结果显示，桥梁型社会资本对企业的创造性影响并不突出；团结型社会资本作为调节变量，对桥梁型社会资本和企业的创造性成果之间的关系具有正向调节作用。即团结型社会资本越高，桥梁型社会资本对企业创造性成果的影响就越大。

王疆（2014）对社会资本与集体效能之间的关系进行了实证研究。集体的社会资本来源及效果可以概括为：①通过团体内部成员之间的紧密关系形成的凝聚力（Cohesiveness），这是一种团结型社会资本；②通过各种外部社会网络的连接，形成了中介性效果，这是桥梁型社会资本。

王丽娜等（2016）分析了企业经营者拥有的社会资本和企业成果之间的关系。在这项研究中，社会资本由团结型社会资本（Bonding Social Capital）、桥梁型社会资本（Bridging Social Capital）和连接型社会资本（Linking Social Capital）构成，并以此为基础来衡量社会资本；而企业成果的衡量通过企业创意、投资维持、企业兼并等要素来评价。为了验证其关系，运用了回归分析。分析结果显示，团结型社会资本对企业创意和投资维持性产生正面影响；桥梁型社会资本对企业创意、收购合并产生正面影响，对招商产生负面影响。企业经营者通过自己的直接关系达到企业技术创新与新产品和市场开发的目的，而具有强大连接特征的团结型社会资本可以降低投资风险，对企业的投资维持要素起到了积极作用（见表3－1）。

表3－1　社会资本对经济成果影响的相关研究

研究者	研究内容
B. Sjoerd 等（2003）	桥梁型社会资本对经济成果具有正面影响，团结型社会资本对经济成果具有负面影响
B. Batjargal（2003）	薄弱连接型社会资本对企业创业成果具有正面影响，强大连接型社会资本对企业创业成果具有负面影响

续表

研究者	研究内容
W. B. Steven 等（2012）	强大连接型社会资本对企业成果没有影响，薄弱连接型社会资本对企业成果有负面影响
J. Han 等（2014）	团结型社会资本对企业成果的凝聚力要素具有正影响，团结型社会资本越高，桥梁型社会资本对企业创造性成果的影响就越大。
S. Wouter 等（2014）	团结型社会资本和桥梁型社会资本都对企业的成果产生积极影响
王莉娜等（2016）	团结型社会资本对企业创造性以及投资维持具有正面影响，桥梁型社会资本对企业创造性具有正影响，且能降低投资风险

资料来源：根据现有研究分析整理。

三、社会资本与发展的非经济性成果

区域发展的成果不仅包括经济性成果，还包括环境、社会、文化等非经济性成果。因此，在教育、居民认知、政治等方面中社会资本还对非经济性成果的影响进行研究。

（1）社会资本对教育有重要影响。Teachman（1997）通过对社会资本和学业放弃之间的关系分析研究，得出了学生和家长之间的联系越紧密，学校和父母之间的联系就越紧密，学业持续性就越高。在 Coleman（1998）的研究中发现，社会资本对教育成果有直接影响。进一步还发现，当家庭内部社会资本不足时，可以通过外部共同体来弥补。金景植、崔胜宝（2009）等分析了社会资本与学校适应之间的关系。在该研究中，社会资本以家庭、学校、社区内社会资本为评价对象，实证分析结果显示，家庭、学校、社区内社会资本对学校适应具有积极影响。朴泰英、沈完俊等（2013）对社会资本、知识共享、组织结构的有效性之间的关系进行了实证研究，结果显示社会资本从结构性、关系层面、认知层面对知识共享产生了积极影响。

（2）社会资本与居民认知关系研究较多。朴龙顺、高东元（2010）

对乡村旅游目的地的社会资本与居民整合之间的关系进行了分析。通过实证分析，可以确定社会资本的构成要素——联合网络和关系、社会信任对居民整合产生影响，而且，信赖因素、关系统治因素也对生活质量产生影响。

（3）社会资本与政治、行政之间关系的研究也颇为丰富。Rice（2001）分析了社会资本对地方政府成果的影响力。结果显示，人际信任、政治公平性、市民参与、社会网络资本变量和地方政府对应性、地方政府有效性之间有直接相关性，且社会资本对地方政府成果的影响力非常高。另外，郭贤根（2007）分析了个人层面的社会资本对投票参与的影响。在该研究中，社会资本以邻里纽带、居民组织参与、社区热爱、制度信任、政治效能感来评价衡量。分析结果几乎是社会资本的所有要素都对地方选举投票、参加国会议员选举和参加总统选举投票产生了积极的影响。

（4）社会资本与人力资源管理之间的关系研究较为丰富。李尚健、尹有植（2011）分析了款待企业的社会资本与组织成员的职务满足感之间的关系。分析结果显示，结构型社会资本与认知型社会资本对职务满足感产生了积极作用。金逸琨、安黄权（2011）也分析了保安组织的社会资本与组织成员职务满足感之间的关系。研究结果表明，社会资本越高离职意图越低，这可以确定社会资本对职务满足感产生积极的影响。柳承敏、金胜勋（2013）分析探讨了人事部门人力资本及社会资本对人事管理成果以及员工态度的关系。结果表明，人事部门的社会资本对人事管理成果、岗位满足、组织投入均产生了积极作用。

（5）现有研究中，分析社会资本与环境之间关系的文献也崭露头角。Daniere（2002）在对社会资本与区域环境改善关系的研究中发现，越是构建社会资本丰富有效的共同体，对改善共同环境的认知就越高，成果也越高（见表3-2）。

表 3－2　社会资本对非经济性成果影响的相关研究

非经济成果	研究者	研究内容
教　育	Teachman (1997)	学生与父母之间联系越紧密，父母与学校的联系就越紧密，从而促进学业的持续性
	Coleman (1998)	社会资本对学业成果有直接影响
	金景植、崔胜宝等 (2009)	家族、学校、区域社会内的社会资本对学校适应具有明显的积极作用
	朴泰英、沈完俊等 (2013)	社会资本的结构性要素、关系性要素、认知性要素对知识共享都起到积极的促进作用
居民认知	朴龙俊、高东元 (2010)	社会资本的构成要素连接型网络、关系、社会信赖等，都对居民整合具有直接影响，信赖要素、关系要素对居民生活质量有直接影响
政　治	Rice (2001)	社会资本的信赖、政治公平、市民参与、社会网络等要素与地方政府成果之间具有直接影响
	郭贤根 (2007)	社会资本对地方选举投票、国会议员选举、总统选举投票参与活动具有积极促进作用
人力资源管理	李尚健、尹有植 (2011)	结构型社会资本与认知型社会资本对职务满足感产生了积极影响
	金逸琨、安黄权 (2011)	社会资本越高离职意图越低，可以确定社会资本与职务满足感之间是有积极影响的
	柳承敏，金胜勋 (2013)	人力资本及社会资本对人事管理成果、岗位满足、组织投入均产生了积极影响
环境改善	Daniere (2002)	共同体的社会资本越丰富，社会网络效果就越高，就越能促进居民形成环境保护的认知，以及促进环境改善

资料来源：根据现有研究分析整理。

四、社会资本与旅游开发成果

区域社会旅游开发的最终目标是为了提高地区发展和地区居民生活质量（金耀安，1996；闵东奎，1997）。旅游开发产生的波及效果主要是为了增加经济效益、宣传与改善地区形象（宋相燮等，2012）。通过某一地区的旅游开发获取经济效益，为此，应强调社区居民参与、居民之间的合作与信任、成员之间的纽带关系、社会志愿等社会资本的作用（朴龙顺，2009）。

尹有植（2009）对乡村旅游居民的社会资本与旅游开发态度与支持度进行了实证分析。社会资本包括了居民间相互信任、合作、社会性网络、社会规范等内容。随着社会资本的不断积累，社会资本会对旅游开发过程中的居民态度产生影响。分析结果显示：①居民在乡村旅游开发中，对经济效果的认知作为从属变量、社会资本的构成要素作为自变量进行了分析，结果显示居民社会资本所有构成要素对乡村旅游开发的经济效果产生直接影响，尤其是乡村的社会规范与信赖对乡村旅游开发的经济性成果产生显著的影响。②在社会资本构成要素中，除了社会性网络要素以外，其余构成要素均对当地的社会文化效果产生直接影响，乡村居民的相互协作要素对乡村旅游开发的文化效果产生的影响力最大。③社会资本所有构成要素均对乡村居民旅游开发的环境效果产生积极影响。从研究结果可以确认，所有的社会资本的构成要素都对物理环境的效果产生影响。

Weibing Zhao（2011）在研究中国广西壮族自治区乡村居民的社会资本与旅游事业发展之间的关系中，对社会资本从结构层面、关系层面、认知层面进行了测量。分析结果表明，社会资本对旅游企业创业成果产生积极影响，结构性社会资本对企业能力产生积极影响，关系性社会资本对企业业务拓展产生了积极影响。

尹珠、崔承淡（2013）分析了社区居民的社会资本对社区旅游开发成果影响。在该研究中，社会资本的构成要素包含结构性要素、认知性要素、关系型要素等内容，旅游开发成果被分为经济性成果与非经济性成果并进行评价。研究结果表明，社会资本的所有构成要素对旅游开发产生积极的影响。

金允宇（2014）以位于全罗北道地区从事文化服务事业的低收入阶层为研究对象，对福利旅游的体验进行了实证分析，以了解福利旅游参与者的社会资本和他们的生活质量之间的关系。研究结果显示，社会资本对福利旅游参加者生活质量产生积极影响。

崔秀南、李勋（2014）以福利旅游参与者为对象，对社会资本和生活质量关系进行了分析。研究结果表明，社会资本结构性要素对福利旅游参与者的生活质量表现出了显著的影响，但社会资本的认知性要素对福利旅游参与者的生活质量不产生任何影响。结构型社会资本和认知性社会资本都对福利旅游参与者的生活质量产生积极影响。

吴尚运、赵文洙（2015）对社区居民的社会资本、生活质量、旅游态度之间的关系进行了研究。在该研究中，研究者将社会资本构成要素分为规范、参与、社会性网络、可靠性等并进行了测定，分析结果显示，社会资本的信任因素对生活质量具有显著的促进作用（见表3－3）。

表3－3 社会资本对旅游成果影响的相关研究

分 类	研究者	研究内容
非经济成果	尹有植（2009）	在乡村旅游开发过程中，居民的社会资本对旅游开发的环境、文化成果都有积极影响
	尹珠、崔承淡（2013）	地区居民的社会资本对地区旅游开发环境、社会文化等非经济性成果都产生积极影响
	金允宇（2014）	福利旅游参与者的社会资本对其生活质量产生积极影响
	崔秀南、李勋（2014）	福利旅游参与者的认知型社会资本与构造型社会资本对其生活质量产生积极影响
	吴尚运、赵文洙（2015）	旅游开发地区的社会资本对其生活质量具有显著作用

续表

分　类	研究者	研究内容
经济成果	尹有植（2009）	在乡村开发中，地区居民的社会资本对旅游开发经济性成果具有积极影响
	Weibing Zhao（2011）	乡村居民的社会资本对旅游企业的能力及旅游企业的业务拓展都有积极影响
	尹珠、崔承淡（2013）	地区居民的社会资本对地区社会旅游开发经济性成果具有积极作用

资料来源：根据现有研究分析整理。

五、旅游开发成果的测量指标

（一）成果指标的概念

成果（Performance）是指组织及个人等特定主体进行活动的结果，以及其衍生出来的直接的、间接的影响的总和（朴平植，2004）。朴钟勋（1999），认为成果既应该包括业务绩效量化方面的效率，也应当包括业务质量方面的效果。也可以说是为了达到预期的目标，对资源的有效、能动的利用（Kearney and Berman，1999），并对效率性、效果性、经济性等进行评价。运用成果指标来计量和管理个人、组织的成果，促进组织实现愿景和长期战略（李世具，2004）。

统计指标（简称“指标”）是反映社会经济总体现象数量特征的概念和数值。一个完整的统计指标包括指标名称和指标数值两个部分。指标名称反映一定的社会经济范畴，指标数值是根据指标名称的内容所计算的统计数字，同一名称的指标在不同时间、地点条件下可以表现为不同的指标数值。在实际工作中，人们有时只把指标名称称作指标，而不包括指标数值。指标按其所反映总体现象的内容和特点，可分为数量指标和质量指标。数量指标是反映总体规模大小的各种总量指标。一般是把总体单位个数加总或把总体单位的某个标志值加总计算出来的，如工业企业数、职工人数、工农业总产值等。质量指标是说明总体内部或总体之间数量关系的指标，通常是由两个有联系的指标对比计算出来的，如劳动生产率、单位产品成本、产品合格率、工时利用率、单位面积产量等。指标按其数值计量单位的属性，可分为实物指标和价值指标。实物指标的计量单位是根据事物本身的物理性质和外部特征规定的。其中有些用自然单位表示，如机床按台、汽车按辆；有些用度量衡单位表示，如钢铁按吨、木材按立方米；有些用专用单位表示，如电力按度、热量按卡；有些用复合单位表示，如客轮用艘、重载排水量、载客位等。价值指标的计量单位是货币，如工业总产值、社会商品零售总额等。产品价值指标可对各种不同产品的产量进行加总计算。

指标具有一定的方向性和目的性，可以定义为现有的一类标志、标记。指标（Indicators）是“根据我们的价值和目标，可以判断我们在哪里、正在去往什么地方的统计和统计序列，以及其他所有形式的证据，是我们当前的坐标、发展模式、目标实现的判断标准。与我们期望的需求水平相比，指标是反应我们现实状态的一种工具”（金大观，2002）。即指标是带有一定的方向和目标，是衡量一些现象或者物体的手段，为了评价目标达成度的标准或尺度（Hart，1995），它是具有客观性、可靠性的证据，可以将我们的目标具体化，承担着重要的角色（金贵坤、金勋熙，1997）。

卢华俊（2001）认为，一个指标体系的条件及变化应该既简洁，又全面的特点，通过提供具有均衡判断的公共统计值、概括计划目标的信息，成为决策和管理的依据、标准。为了使这些指标在成为变量或数字化时具有客观性和可靠性，必须设定客观的评价标准，并进行正确的评价。根据 Wild（2007）的研究，良好的指标应当具备可行性（对实际决策的重要性）、现实性（成为现实的可能、需要时可接近等）、信赖性（基于具象化的科学）、明确性（用于决策时，用户可理解、有意义）、可比性（随着时间推移可以证明其改善、旅游目的地之间可以比较）等特征。

在经营学领域，为了评价企业的成果，研究者们一直在努力创新开发新的指标。从传统观点来看，企业经营成果都是将经财政利益的最大化作为首要考虑的因素，为此，销售量、收入、投资回报率等被用作衡量一个企业经营成果的指标（Harber & Reichel，2005）。但是，最近一些研究考虑到企业的可持续发展，在这些研究中主张，企业的经营成果应该既包括企业成长，又包括收益性，两者应同时纳入衡量的范围（Colemen，2007）。主张战略经营管理的学者们还将顾客满足等类似的企业目标的达成也作为衡量企业成果的一部分内容（Wolff & Pett，2006）。

（二）成果指标的类型

李龙宇（2003）在其研究中主张，按照研究方式不同，成果指标可以分为因果关系分析方式（Cause – Effect Chain Framework）和主体分析方式（Theme Framework）。因果关系分析方式是为了衡量现象、导致某种结果出现的因素、为了缓解或强化这种现象采取的手段与结果之间的相关关系；而主体分析方式是将现象分为几个领域后，再将每个领域的构成进行细分，并开发出评价指标。为了开发、设定成果指标，一般需要经历以下几个阶段：第一阶段，明确设立指标的目的及指标的类型；第二阶段，制定指标相关模型，选择指标结构、指标体系、选择标准等内容；第三阶段，设置预备指标、评价范围的选定、选择具体范围应用的指标；第四阶段，指标设定后，应通过专家调查来征询意见，对指标进行补充和修改（罗钟民，2010）。

成果指标有助于检查项目推进的程度，有助于测定项目预期的最终目标的达成度及其达成后的影响和效果。因此指标的构成应尽可能的客观化，但也应留意由于过度强调客观性造成的量化的误差。定量指标是具体量化的数值，是可以测量的指标，评价实施者的主观不可以介入。在相同条件下，对同一现象或事物的评价结果不会因为评价主体的改变而发生改变，即不管评价的实施主体是谁，评价的结果都应是一样的。与之相对的，定性指标是不能用具体化数值来测定某些指标，评价者的主观可以介入评价的过程，在处理信访者的满意度或者制度改善等相关内容时可以用定性评价方法。一般来说，对现象的本质想要有更深层的了解，须将定性评价与定量评价相结合（见表3－4）。

表3－4　成果的定量指标与定性指标

分　类	定量指标	定性指标
定　义	可以具体测量、形成量化数值	使用量化数值无法进行评价
特　性	评价者的主观无法介入	评价者的主观可以介入
其　他	在同一条件下，对同一现象进行反复测量，且不论谁来评价，其测量结果都是相同的	无

资料来源：韩国国务协调室于2006年颁布的文件《成果指标开发、管理指南》。

另外，根据现有工作对指标进行分类，为了评价某一组织的整体性成果而进行的综合性测量，可以划分为机构代表性成果指标和单位课题成果指标（为了测量单位课题对既定目标完成度）。一般来说，战略目标与成果目标达成度的评价指标是单位课题的成果指标，在某些情况下单位课题成果指标与机构代表性成果指标同时使用（见表3－5）。

表3－5　机构代表性成果指标及单位课题成果指标

分　类	机构代表性成果指标	单位课题成果指标
定　义	对机构、组织整体性成果的综合测评指标	测评单位课题既定目标的达成与否的指标
特　点	机构固有的任务为评价标准 指标开发后每年固定使用，可做部分调整指标，开发较为困难	每年的单位课题的既定目标都不同，因此需要视课题情况而定，适用于新课题的使用指标，开发较为容易
测量指标	国内旅游人次 GDP 增长率 旅游收入	幸福城市用地及土地买卖率 生态绿色旅游开发数量 旅游特区登录个数

资料来源：韩国国务协调室于2006年颁布的文件《成果指标开发、管理指南》。

根据内容可以将指标分为投入指标、过程指标、产出指标及结果指标。投入指标是指为了掌握一个组织在预算、人力等投入的具体数量，可以通过这种具体的量化发现组织在预算执行或任务执行过程中出现的一些问题，从而进行有效的控制。过程指标是指任务在执行过程中产出成果的数量指标。产出指标是指在任务结束后产生的直接成果，有助于评价组织的投入与产出是否实现了既定目标。结果指标是指通过直接成果产生的间接、积极性的效果，或政策带来的一些影响力（见表3－6）。

表3－6　成果指标的分类

分　类	投入指标（Input Measure）	过程指标（Process Measure）	产出指标（Output Measure）	结果指标（Outcome Measure）
定　义	预算、人力等投入的量化指标	任务执行过程中产出物的量化指标	任务结束后产生的直接结果相关指标	因直接结果而产生一些积极效果，或因政策影响力产生的一些积极效果的相关指标
特　征	可以帮助发现预算执行与任务执行过程中出现的问题	可以检验任务的进度或项目的进度	有助于评价投入与产出比的合理性	有助于评价产业最终想达到的目标

资料来源：韩国国务协调室于2006年颁布的文件《成果指标开发、管理指南》。

（三）旅游产业中成果指标的相关研究

为旅游开发方向设定的指标，是指能同时反映旅游开发目的地地区的环境、社会文化等，指标的开发应同时涉及量性指标的开发与质性指标的开发。另外，在旅游领域，旅游资源开发后的评价指标的开发尤为活跃。

在国外研究中，英国旅行委员会（English Tourism Council，ETC 2004）对可持续旅游指标（Sustainable Tourism Indicators）进行了研究，其中，包括在国家层面上环境保护与增进、地区社会文化资源的支持与维护、旅游目的地经济利益3个核心目标，以及旅游事业体及游客认识、旅游对自然环境产生的影响、旅游对旅游目的地产生的益处、旅游发展对地区整体经济发展的重要性等 19 个指标。

世界旅游组织（WTO）在 1998 年制定了地方旅游业可持续发展指南，指南中包括一系列旅游发展成果指标，大体上分为地区居民的福利、文化遗产维持、区域社会的旅游参与、游客满意度、保健及安全、旅游带来的经济福利、自然遗产保护、自然资源管理、旅游活动影响的管理、游客活动管理、旅游目的地企划与管理、商品与服务开发、可持续的旅游服务与经营等 13 大类。根据这 13 大类，开发了一系列的评价指标，例如，当地居民对旅游的态度、与之相关的社会福利、文化遗产的复原保存和管理基金、信息的分析与活用、旅游项目的多样性及其满意度、对游客安保工作等 87 个具体评价项目。

姜东烈（2000）在其研究中，对旅游的可持续发展指标进行了研究，其中，包括经济的可持续性、社会文化的可持续性、环境的可持续性、旅游政策和制度的可持续性、旅游企划的可持续性、教育·公共认知·商品开发的可持续性、旅游检测的可持续性、合作的可持续性等 8 个方面，共 54 个评价指标。

金大关（2001）研究了旅游开发的可持续性。在其研究中，在环境、社会文化、经济 3 个领域中，开发了 20 个一级指标、38 个二级指标、46 个三级指标。环境指标是指生物种类的多样性、污染强度、资源基础保存度、资源使用的效率性、环境经营，以及环境监测、视觉上和结构上的变化；社会文化指标是指地区社会发展与变化、地区社会的安定、文化的多样性等；经济指标是指经济的自生力、提高所得利益与费用之间的平衡性等。

Trish Maj Patterson（2005）对旅游的成果进行了探索，构建了人口的维持、游客的吸引力维持、生态系统维持及高效的政治体系等指标，即人口活力、人均收入、生态系统的监督制度、生态系统质量维持、旅游吸引物等 15 个评价指标。

宋美灵、成主仁（2005）对居民参与型的乡村开发的成果进行了模型构建与评价。在其研究中，将村民认知的经济性成果与非经济性成果作为评价指标。

卢勇浩等（2006）为了客观地评价乡村振兴厅推进的“农村传统主题”活动的成果，开发了成果指标，并运用 AHP 分析法，将评价指标的优先顺序进行了分析。在各评价项目的重要程度上，计划方案是最为重要的评价指标，其次为行动意图、满足度、居民参与度、乡村竞争力、宣传、人口统计、旅游收入等的顺序。其中，研究者指出，为了满足游客要求，乡村居民的努力与参与度指标比经济收益指标更加重要。

在韩国国会预算政策书（2006）中展示了一系列的乡村旅游发展成果指标，其中包括了游客访问数量、旅游营业额（住宿、体验、农特产品贩卖等相关费用）等量化指标，为提高乡村居民收入、改善生活质量，促进以乡村体验为核心内容的城乡交流项目的发展。

赵奎浩（2006）研究了观光农园产业的成果，根据投资规模与农场面积等的差异，对销售额等量性成果进行了资料收集与比较，发现定量评价的局限性，因此使用了“满意度”这一指标，对观光农园产业的成果进行了定性评价。

林大浩等（2006）探索了绿色观光产业成果指标。在其研究中，指标包括了投资效果、内部流程的看法、游客的看法、乡村居民等 4 个方面。

金南曹等（2007）使用均衡成果表（BSC）的质性指标评价了乡村发展的成果，并构建了模型。在其研究中，为了评价乡村发展的成果，利用乡村居民的观点（社会性、经济性、环境性）、对内部程序的观点（内部结构、人力组成要素、项目要素、营销要素）、游客的观点（访问动机、情报源泉、满意度、人口统计）等构建了模型，并对模型的核心内容进行分析，展示了详细的评价指标。

尹珠、崔承淡（2013）在研究中，将乡村旅游开发成果的评价指标分为居民感知的经济性成果与居民认知的非经济性成果（见表 3－7）。

表3－7　旅游领域中对成果的评价指标

研究者	成果的评价指标
WTO（1998）	当地居民的福利、文化遗产的维持、当地居民对旅游的参与、游客满足、游客安全、旅游带来的经济性利益、自然遗产保护、自然资源的管理、旅游活动影响的管理、游客活动的管理、旅游目的地企划管理、商品和服务的开发、旅游经营和可持续性的服务
姜东烈（2000）	经济的可持续性、旅游的社会文化的可持续性、旅游环境的可持续性、旅游政策和制度的可持续性、旅游企划的可持续性、教育和公共认知的可持续性、旅游商品开发的可持续性、对旅游监测的可持续性、合作的可持续性等
金大关（2001）	在环境、社会文化、经济3个领域开发了详细指标
Trish Maj Patterson（2005）	人口维持、对游客的吸引力维持、生态系统维持、高效率的政治体系
宋美灵、成主仁（2005）	居民认知的经济性、非经济性成果
卢勇浩等（2006）	节目设计、行动意图、满意度、居民参与度、乡村竞争力、宣传、人口特征、旅游收入
韩国国会预算政策（2006）	游客数目、旅游营业额（住宿、体验、农特产物贩卖）
赵奎浩（2006）	利用满意度指标，对观光农园产业的成果进行了定性评价
林大浩等（2006）	投资效果、内部程序、游客看法、居民看法等
金南曹等（2007）	村民观点、对内部程序的看法、游客的观点
尹珠、崔承淡（2013）	地区居民认知的经济性、非经济性成果

资料来源：根据现有研究分析整理。

第三节 本章小结

基于以上研究得知，社会资本对社会经济性发展与非经济性发展均起到了良好的推动作用。在旅游研究领域也被证实，社会资本对旅游开发的成果具有积极影响，其中旅游开发成果包括经济性开发成果与非经济性开发成果。

在对旅游开发成果进行评价时，现有研究的衡量方式较为多元化。在有的研究中，对旅游开发成果的评价指标较为客观，主要包括投资规模、农场面积、销售额、游客访问数量等量化指标；还有一种衡量方法较为主观，这种衡量指标主要包括乡村居民的观点、对内部程序的观点、游客的观点，或者是以村民认知的经济性成果与非经济性成果对其进行评价。本章对旅游开发的成果采用了现有研究中较为频繁使用的“居民认知的”经济性成果和非经济性成果并对其进行评价。

第四章　文化倾向与发展成果的关系

第一节　文化维度理论及相关研究综述

一、霍夫斯泰德的文化维度理论

文化价值观可以决定国际企业的发展，因此研究者对多元文化的理论研究和实践应用成为有效管理国际企业的方法。研究者们在多元文化环境下通过合理的组织结构、管理系统和资源分配，努力克服由于文化差异产生的矛盾，追求卓越的成就。特别是，研究者们通过对企业人力资源的潜在力量和价值的利用，努力使企业的成果达到最大化，因此相关研究备受关注。

在这些研究中，最具有影响力的是荷兰学者霍夫斯泰德构建的文化维度理论（Cultural Dimensions Theory）。根据这一理论定义，文化是人们的一种“心理程式”（Mental Programming），即人们的内在思维、感情、潜在的行为模式，因此，可以说文化对人们的行为产生一部分影响。

霍夫斯泰德为了比较国家与组织间的文化，开发了一系列的关于文化的量化指标。1983 年在对 IBM 公司员工进行分析后，文化分为四个维度，后来霍夫斯泰德又增加了短期指向性与长期指向性第五个维度。霍夫斯泰德得出的结论是，国家或地区的文化差异对一个社会、组织和个人的行动产生广泛影响，并将文化分为 5 个维度。研究者们利用霍夫斯泰德的 5 个维度进行了对国家间、地区间文化差异的研究（见表 4－1）。

表 4-1　霍夫斯泰德文化维度的相关内容

文化维度区分		成员特性
个人主义倾向/集体主义倾向	个人主义倾向	参与组织活动的主要动机为利害得失；组织自始至终很少照顾其成员；组织成员的福利有一定程度的影响；对于利害关系原则的遵守；政策和实践都允许个人主导行为；晋升存在于组织内部与外部；升职基于竞争；管理者积极引进现代经营理论且重视信息收集
	集体主义倾向	参与组织活动的主要动机是道德；组织要像家人一样照顾员工，如组织无法满足其成员，他们会感到疏远；组织对成员的福利有很大的影响力；政策与实践依靠忠诚与义务；偏重于组织内部的晋升；晋升会考虑资历；不太关心经营的相关理论；政策与实践会视情况发生变化
不确定性回避	高	依靠规则或规定来回避不确定性带来的风险人们应该总是忙碌，且具备正确的意识； 情感性、表现力充分，使用手势，且声音较高追求秩序，对有限制的环境更为偏好
	低	工作期间心态平稳； 不确定性属于生活的一部分； 比较宽容，具有通融性的社会特点
男性化/女性化	女性倾向高的社会	一部分青年男女希望具有工作经历，还有一些人不这么认为；组织不得干涉员工私生活；许多女性从事高薪工作；职位较高的女性不一定有较强的自我主张；职务压力较小；劳资纠纷少；职务重组的目的是让集体更为和谐
	男性倾向高的社会	青年都认为自己应该积累工作经验，如若不然会成为落后者；为了组织利益，组织成员可以减少私生活；只有少数女性在高职位、拿高工资；高职位的女性自我主张较弱；职务压力较大；劳资纷争较多；职务重组的目的是为了完成工作目标
长期指向性/短期指向性	短期	生活节俭，节省资源；高储蓄率；用来投资的钱较多；对长期效果具有忍耐性；为了达到目标甘愿牺牲；尊重美德
	长期	过度消费，低储蓄率；缺少投资费用；期待短期效果；重视“体面”；对绝对真理的关心

续表

文化维度区分		成员特性
权利距离	高	组织内的等级是高层干部与下属职员之间的不平等，组织中权力集中是常见的现象；下属职员按照指示工作，理想的上司是带有善意且善良；赋予经营者特权或地位象征意义是理所当然的；监督岗位与职员的比率较高；隶属底层员工的技术水平也较低；白领比蓝领更容易受到好的评价
	低	组织内部的等级是为了便利性而形成的不平等的责任；组织内部权利较为分散；高层干部与低职位员工间工资差距小；工作时与下属职员进行商议；理想的上司是一个有手段的民主主义者；特权与地位象征在组织内不受欢迎；组织结构偏向于扁平化；监督岗位与职员岗位相对比率较低；隶属底层员工的技术资格水平偏高

资料来源：G. Hofstede. Culture´s Consequences［M］. London：Sage Publications，Inc，1996.

（一）权力距离

权力距离是指一个社会的成员能接受的组织和社会中的等级秩序、不平等的权利分配等制度的程度。权力距离的大小反映出不同国家在对待人与人不平等这一基本问题上的不同态度。不同的文化传统使人们之间的权力距离有了远近之分，不同的国家和民族的权利距离是不同的。在权利距离小的国家里，上下级认为彼此天生是平等的，等级制度不过是所任职务的不同而已，上下级之间相互依赖并且偏好商量，下属很容易接近并敢于反驳他们的上司；在权力距离大的国家里，上下级之间级别明确，上级能享受特权，其权威表现为各种显而易见的地位标志，下属一般不会直接去找上司并与上司发生冲突。组织倾向于拥有更多的层级结构，更高比例的监督人员，以及更加集中的决策。地位和权利将被作为激励因素，领导者被作为权威来尊崇和服从。

日本属于中等权力距离的国家。在日本企业中，上下级的基本关系是“父子式”的关系，每个成员都按照他进入组织的时间顺序确定这种相互依赖的等级关系。工资晋升主要凭年资，相应的职务晋升也主要凭资历，工龄长的员工晋升的机会较多。英国属于权力距离较小的国家，崇尚积极进取、强调公平竞争、注重工作绩效，强调在个人自由、机会均等的基础上进行公平竞争，人们相信竞争可以推动社会发展。谁有能耐、谁有成就，不论年龄、学历、资历，都可以担任一定的职务，并且员工不论年龄多大、学历多高、资历多老，只要职务相同、岗位相当，工资水平一视同仁。

（二）男性化/女性化倾向

男性化/女性化倾向是指一个社会偏好男性的特征还是喜欢女性的特征，在男性倾向较高的社会中，社会男女角色的明显区分。男性化/女性化倾向用男性度指数来衡量，这一指数的数值越大，说明该社会的男性化倾向越明显，男性气质越突出（最典型的代表是日本）；反之，数值越小说明该社会的男性化倾向越不明显，男性气质弱化，而女性气质突出。

男性化倾向是指这样一种情况：在社会中占统治地位的价值是成功、金钱和事业。男性化指数较高的国家将收入、赏识、进步和挑战这四种因素看得很重，个人被鼓励成为独立的决策者，受人赏识与积累财富是成功的标志。在企业里工作压力很重，许多经理相信自己的下属并不喜欢自己的工作，因此必须将他们置于一定的控制之下。而女性化倾向与男性化倾向相反，在社会中占统治地位的价值观念是关心他人并讲求生活质量。在瑞典等男性化指数较低的国家，人们十分崇尚关系与合作、友好氛围和职业安全。个人被鼓励成为集团的决策者，人际友好交往和优美的生活环境是取得成功的标志。在企业里，工作的压力较低，经理们信任其下属并给予他们较大的自由度。

在男性化倾向强的国家里，管理的方式更注重的是任务的完成，而非培养社会关系。激励将以赚得的钱或物质的多少为基础，而非以生活质量为基础。在这种文化中，领导的作用是保证最低的利润数额以使股东满意，并制定需求的目标。在相对女性化倾向的文化中，领导的作用是保证员工的福利，并对应负的社会责任表示出关注。通过对不同国家共同思维方式和基本价值观念的比较，可以看出：企业中员工的文化背景包括价值观、社会道德和理想与他们工作时的行为和态度有很强的因果关系。

（三）不确定性回避倾向

不确定性回避倾向可以定义为一个成员由于不确定的情况或未知的情况而感到威胁，并试图以提供较大的职业安全，建立更正式的规则，不容忍偏离的观点和行为，相信可以通过绝对知识和专家评定等手段来避免这些场景。不确定性回避倾向较弱，意味着不安的程度低。霍夫斯泰德的调查表明，不同民族文化之间在不确定性回避倾向上有很大不同。在那些不确定性回避倾向强的国家，人们倾向于对安全提出很高的要求，并对专家及其所拥有的知识深信不疑，如希腊、日本等国就是如此；而在不确定性回避倾向弱的，甚至喜欢冒险的国家如英国、新加坡等国，人们则更愿意接受与风险有关的不确定性。

不确定性回避倾向强的国家，对法律、规章的需要视以感情为基础的，这可以培养让人们精细、守时的特质。在这种文化下的下级行为并不受上级在场与否的影响，人们自律性较强。在不确定性回避倾向强烈的文化中，人们在感情上对成文法规是接受不了的，除非绝对需要，社会不会轻易立法。工作场所最能反映这两种文化特征的差异，在不确定性回避倾向高的国家，人们习惯于制订详细的规则并且发奋工作，总是显得忙碌，生活紧张、时间意味着金钱。而在不确定性回避倾向弱的国家，如果需要的话，人们也可以拼命工作，但他们没有内在要求去刺激自己不停地干活。

日本是不确定性回避倾向较强的国家，突出表现为日本企业的终身雇佣制。其最大优点是使雇员有安全感，增强他们对企业的归属感，把自己的命运同企业的荣辱兴衰联系在一起。终身雇佣制成功根植于日本的传统文化，是顺应日本人传统式“家”的观念而采取的制度。这种制度不仅使用雇员具有“安全感”，而且使日本人不大计较工作分工，也不大计较职位与工作能力、工作多少的关系。管理人员将会尽可能避免风险，并被稳定性和安全性所激励。一项工作任务总是全体成员协同努力，能者多劳，就像以前一个家庭里全体成员不分彼此地为家庭工作一样，这与英国企业分工极清楚的情况显然不同。经营者注重的是总体上长期考察雇员的工作，综合调动职工的积极性、荣誉感和责任心，在提职晋级等方面有所区别。职工也不大计较一时一事的物质报酬。

相反，英国有较弱的额不确定性回避倾向。英国人比较能够接受剧烈的变化，不喜欢规避风险。正是由于英国人比较喜欢创新，导致其在第一次工业革命中领先其他国家一大步，为其日后的经济发展奠定了一定基础。同时，英国对于新兴科技的运用也比其他国家更强，比如 2013 年英国通信管理局发布信息称，英国约有 73% 的网络用户的访问速度能够达到或超过 30Mbps 的超高速宽带，相比 2012 年提升了奖金 10 个百分点，英国人对于网络的普及和应用远远超过很多西方国家。

（四）个人主义倾向/集体主义倾向

在不同民族、不同文化背景下会产生不同的个人与群体的关系，有的社会太突出代表个人利益的自我发展需要，表现出个人主义倾向；而有的社会则突出代表共同利益的群体约束需要，表现出集体主义倾向。个人主义倾向是个体之间的联系，它是不稳固的，人们只关心自己及自己的家人；集体主义倾向则是一种相反的社会价值倾向，人们从出生之日起就被整合到具有强烈凝聚力的小群体中，人们忠于这个小群体，并在群体内部实现资源交换、获得保护。一个社会的个人主义倾向/集体主义倾向是通过个人主义指数来衡量的。这一指数的数值越大，说明该社会的个人主义倾向越明显，如英国；反之数值越小，则说明该社会的集体主义倾向越明显，如日本和亚洲大多数国家。

个人主义和集体主义是两种与工作联系紧密的价值观。个人主义倾向和集体主义倾向可以用来解释管理活动中人的不同行为方式和行为目标。理解不同国家和地区间这两种价值观的差异，是全面理解人的需求从而更好地进行跨文化激励的基础。个人主义是人们只关注他们自己及其直系亲属，强调个人至上、个人决策和成就，个体在情感上不依赖其组织与单位而保持独立。相反，集体主义是人们倾向于强调自己归属于群体，强调大家相互保持忠诚、相互关心，群体内部的人（亲戚、族人以及组织成员）关心大家共同的利益，并把自己与群体外的人分开。集体主义通常意味着群体、组织、单位内的个体在情感上相互依靠，归属感与“我们”“我”的关系在其中是最基本的。个体生活对自己所属的群体与组织是公开的。群体内的共同目标会认为比个体的目标重要。当个体目标与群体目标发生冲突时，人们一般认为群体的目标与决策更加重要。和睦相处是集体主义文化的一个重要特征。同一群体的人通常被认为具有相同的观点，而且在这种文化中个人面子是重要的。批评他人一定要十分小心，讲究技巧；即使是表扬也要含蓄，注意分寸。这与西方直截了当、公开的表扬和批评形成了鲜明的对比。以集体主义倾向为特征的国家主要有中国、日本、韩国。

英国企业中的工作体制是建立在个人激励的基础之上，而日本的企业则以集体管理为基础。例如，IBM 公司的管理原则是“尊重个人”。与之相反，日本的著名重型机器制造公司小松集团则在公司的公告中强调“共同播种、共同收获”。英国企业提倡个人奋斗，崇尚独立、自由、平等、竞争，这些思想深刻地影响着美国的管理激励理论和实践。在人们的观念中，人是高于组织的，组织只不过是特定人群的集合。因此，英国企业一般能够在尊重个人价值、个人选择的前提下，最大限度地发挥人的潜能和创造力，为促进个人发展和社会进步做出贡献。在个人主义文化中，激励应该针对个人，根据每个人的工作表现发放奖金或给予鼓励，当面的绩效评估和反馈被认为是有效的提高绩效的方法，绩效工资制被认为是公平与合理的。与此形成鲜明对比的是日本企业的集体主义和团队协作精神。在日本企业中，共识和协作将比个人采取主动、付出努力更有价值，激励产生于一种归属感，报酬是以作为集体一员为基础的。人们重视群体和谐、家庭关系，集体决策是组织决策的主要方式。

（五）长期指向/短期指向

后来，霍夫斯泰德进一步完善了文化维度理论，增加了长期指向/短期指向这一维度，主要是对未来的关心。在短期指向较高的社会中，为了获取成就或社会地位较容易地接受一些要求，且期待较快的结果；相反，在长期指向明显的社会中，为了长期性的成功而具备忍耐性，组织利益高于个人利益，强调节约、勤俭、羞耻心等。

通过对既有文献的分析，在霍夫斯泰德的文化维度理论中，个人主义倾向/集体主义倾向、不确定性回避倾向对发展成果具有显著的影响，因此，本章将以现有研究结果为依据，分析文化维度理论中集体主义倾向/个人主义倾向及不确定性回避两个要素，在社会资本与旅游开发成果的关系中承担的角色。

二、地区文化差异的相关研究

不同国家或民族的文化管理和实践的相关研究影响都是很大的，但是由于文化深层次的难以觉察性，所以对其进行测度又是相当困难的。在这方面，荷兰学者霍夫斯泰德教授做出了具有开创性的贡献。他于1965—1974 年，对美国国际商业机器公司（IBM）在 50 多个国家和地区的 11.6 万名员工进行了问卷调查，并对有关价值观问题进行了统计分析。结果发现，各国之间在 4 个方面具有明显差别：①权力距离；②对不确定性的回避；③个人主义倾向/集体主义倾向；④男性化倾向/女性化倾向。霍夫斯泰德把各个国家在这 4 个方面的观念测量结果转化为指数，并以此为基础提出了著名的民族文化 4 维度理论，受到了理论界的普遍关注和广泛接受，对后来管理者和学者们的研究和实践产生了深远的影响。

现代世界是文化多元的世界，社区文化与民族文化正在受到广泛的关注。尤其中国是个多民族国家，民族多元化决定了多种文化共存，可以称为多元文化社会。多元文化的概念有两种意义：①意识形态的概念。这是社会全部集团、成员相互尊重各自文化的差异性，并接受这种差异。②在人口统计学方面，社会由具有多种文化倾向的人口组成，其中，研究者们聚焦于社会文化倾向差异，正在进行多方面研究。在既有研究中，文化倾向既对经济成果产生影响（James H. Tiessen，1997；Piero Morosini，et al.，1998；李俊昊，2003；文辉昌、郑镇燮，2007；全熙珠），也对社会成果产生影响（Dimo Ringov & Maurizio Zollo，2016）。

文化的多样性不仅存在于不同时代，而且也存在于在同一时代不同地区。中国由许多少数民族地区组成，地域不同存在的文化也多种多样。现在，中国有 55 个少数民族和汉族共同居住，形成了 34 个行政区域，区域之间形成的文化具有多样性和独立性的特点。根据霍夫斯泰德的文化维度理论，文化倾向会影响人们的行为模式、思维方式。由此看出，不同区域的文化差异导致了汉族与少数民族在行为模式与思考方式方面的差别，这种文化的差异性会影响汉族与少数民族对旅游开发的经济性、非经济性成果的看法。因此，本章将选取汉族与少数民族作为研究对象，分析汉族地区与少数民族地区的文化差异，为本章的研究目的："文化差异在社会资本影响发展成果的过程中所发挥的调节作用"奠定了基础。

中国是多民族国家，包括汉族和 55 个少数民族。根据 2010 年人口调查，汉族是最大的民族，人口超过 12 个亿，占全国人口的 91.51%；少数民族有 55 个，人口超过 1.1 亿，占全国人口的 8.49%。中国少数民族分布的特点是大杂居、小聚居，相交交错居住。汉族地区有少数民族居留地，少数民族居住地区也有汉族。中国少数民族人口不多，但分布范围较广，一般居住在内蒙古自治区、新疆维吾尔自治区、宁夏回族自治区、广西壮族自治区，以及江西、云南、贵州、青海、甘肃、吉林、湖南、湖北、海南等省。特别是云南省，是少数民族聚集的地区，有 25 个民族聚集于此。在 55 个少数民族中，人口较多的民族是壮族、满族、回族、苗族、维吾尔族等，人口较少的民族有鄂伦春族、独龙族、塔塔尔族、赫哲族、珞巴族等。

中国大力推进各民族的经济、文化、教育等的发展，由于汉族和少数民族地区之间的经济活动、就业、学习活动等较多，各民族之间的接触和交流频繁。在中国，汉族人口比少数民族多，少数民族在中国作为非主流文化集团，在与汉族接触和交流过程中，形成了观点，少数民族具有其独特而共同的心理特征（高承海、安洁、万明钢，2011）。

唐鸣（2002）在其研究中，对民族文化进行了文献研究，分析结果显示：①汉族与少数民族的语言和文字存在区别，55 个少数民族有 40 种文字，53 个少数民族在使用自己的语言。②风俗差异。在饮食文化、结婚文化、葬礼文化方面，每个少数民族都有自己的风俗习惯。③宗教文化的差异，少数民族比汉族有更多的人口信仰宗教，而且更加虔诚和专一，在少数民族地区，整个民族信仰一个宗教的情况很多。

马亮、海存福（2012）研究了汉族和 55 个少数民族的文化差异。在其研究中，根据汉族与 55 个少数民族各自的历史发展现状、生活的自然环境与经济环境、生产生活方式等的差异，会形成不同的传统文化。而且，少数民族的文化在物质文化、精神文化、制度文化、行为文化层面均存在着差异。毕曼（2015）在研究中提出，中国历史悠久、民族众多，少数民族的文化差异在政治和意识形态层面上也都有所表现，“少数民族”这一词语就象征了文化差异。

基于本章的焦点，即个人主义倾向/集体主义倾向、不确定性回避倾向的角度，阿布力克木（2006）以汉族和维吾尔族为研究对象，对民族社区文化倾向于员工的工作满意度进行了分析。在其研究中，采用了霍夫斯泰德的 5 个文化层次来评价汉族和维吾尔族社区的文化倾向。分析结果发现，汉族和维吾尔族的个人主义倾向/集体主义倾向和不确定性回避倾向存在显著差异。汉族比维吾尔族具有更强烈的不确定性回避倾向，而维吾尔族比汉族的集体主义倾向更为明显。

朱爱武（2014）以新疆少数民族和汉族为对象进行了消费行为的研究。在其研究中，分析了民族地区文化倾向对消费行为的影响。分析结果显示，少数民族比汉族具有更强的集体主义倾向，从而形成了不同的消费行为模式。凌凯（2012）研究了汉族和维吾尔族关于文化管理的相关内容，他从地域、历史、宗教等方面进行了文献研究。结论显示，少数民族的集体主义倾向显著高于汉族。

李勇（2013）以中央民族大学的蒙古族大学生和汉族大学生为研究对象，对两个民族的文化差异进行了实证分析。通过 T－test 分析发现，蒙古族和汉族大学生在个人主义倾向/集体主义倾向上存在显著差异。具体表现为汉族大学生的个人主义倾向更强烈，而蒙古族大学生的集体主义倾向更强烈。

肖兰（2008）对云南少数民族聚集的农村地区和中国东部汉族聚集的农村地区的居民进行了文化差异的分析。在其研究中，肖兰以霍夫斯泰德的文化维度理论组成要素为基础，对其文化差异进行了评价。结果显示，云南农村地区的集体主义倾向明显，重视同质性，具有对集体的强烈归属感，比起个人利益更看重集体利益；对未来的不确定性回避倾向也很强烈，对待新事物和冒险持消极态度，重视秩序和规则。

少数民族地区的团体注重协调、融合、同质，个体重视对某一团体的归属。当有必要时，可以牺牲个人利益而去确保团体利益。这种集体主义倾向如此强烈的原因有以下几个缘由：①从历史层面上来看，集体主义倾向是各个少数民族生存和发展的必要，以家族为单位的集体生活是少数民族活动的主要核心内容。②在经济方面，少数民族地区的经济发展及社会发展较为落后，生产工具简陋、生产力低下，个人力量不足。在这种生存环境下，少数民族可以依靠集体的力量战胜困难。

集体主义倾向是生产资料公有制的反映。少数民族受社会主义公有制的影响较大，集体主义的劳动、平均分配等原则现在还可以在少数民族的生活中反映出来。生产过程中的合作、生活中的相互帮助、重视集体利益、追求和谐等文化价值观是公有制经济的具体反映。

通过以上研究，确认了汉族和少数民族之间在文化倾向上存在着差异。通过实证分析，汉族和少数民族在个人主倾向/集体主义倾向及不确定性回避方面存在显著差异，即和汉族相比，少数民族具有较强的集体主义倾向，而汉族的个人主义倾向与不确定性回避倾向较少数民族显著。

第二节 文化倾向与经济成果的关系

一、文化维度的构成要素

（一）集体主义倾向、个人主义倾向的概念及构成要素

集体主义重视工作群体等社会环境，集体规范起到了决定个人态度和行动的重要作用（Triandis，Bontempo，Villareal，et al.，1988）。集体主义倾向比个人主义倾向的社会群体更加关心组织利益，如果组织利益与个人利益不一致，也会选择对组织有利的行为；而个人主义倾向较高的社会群体较为重视个人得失，如果组织利益与个人得失相冲突时，往往会选择忽略组织利益（Triandis，1990，1995；Wang，1995）。

集体主义倾向的特点从长期看，是以相似价值的资源去协调对方的利益，并以对方信任为基础进行交换。个人主义倾向从短期看，是以等价经济价值的资源来形成公正的关系，从自身利益出发，以契约为基础进行的交换关系（Triandis，1990）。这是从社会构成基本单位的角度出发进行的说明，从个体关系或集团来衡量，或者从个体间相互依存程度及个体之间资源交换的基础差异来衡量（赵兢浩，1996）。

集体主义倾向强的群体，比集体主义倾向弱的群体更容易接受集体价值观与集体规范，并使之内在化（Leung & Bond，1982）。从实证研究的结果来看，韩国与日本同属于集体主义倾向较强的国家，在集团内部之间的交流非常亲密和顺畅（Gudykunst，Yoon & Nishida，1987）。但是对自己关系疏远的集体乘员来说，也会表现出个人主义倾向（Hui，

1988；Leung，1988）。另外，对于个人来说，使自己感到亲近的内部集团的成员与使自己感到疏远的外部集团的成员，根据关系的远近表现出来的集体主义/个人主义倾向是可以变化的（Gudykunst，Yoon & Nishida，1987；Triandis，McCusker & Hui，1990；韩奎锡，1991）。因此，这类群体的同质性更强，在集团中有亲近感，社会距离感较弱（Ting，1993）。

霍夫斯泰德（1997）认为，集体主义倾向和个人主义倾向是完全相反的概念，位于一条直线的两端。所以在对 IBM 的研究中，单纯地只评价个人主义倾向，并以此为基础测定来自不同国家的员工，将其分类为集体主义倾向与个人主义倾向。即集体主义倾向与个人主义倾向两个概念之间的关系既是对立的，也是相互依存的（Schwartz，1990）。这不是由社会水平决定的，而是由个人认知的两个价值倾向决定的（Markus & Kitayama，1991），另外，根据自己所处的情况，集体主义倾向/个人主义倾向的表现也会有所不同（Hui，1988；Leung，1988；Ting，1993），甚至集体主义倾向/个人主义倾向是个体内部共存的两面性，也可能有人同时存在这两方面的特征（Shina & Tripathi，1994）。但是，Triandis（1995）认为集团主义倾向与个人主义倾向可以共存，即被明确划分为集团主义倾向较强的社会中，也会有很多人存在个人主义行为；同样，被划分为个人主义倾向强的社会中，也可能存在集体主义倾向较强的人（Triandis，1995；赵兢浩，1996）。

Triandis（1995）与赵兢浩（1996）在其研究中得出的启示是，不应只将集团主义倾向、个人主义倾向视为对立的第一层关系，其互相依存的第二层关系也应受到重视。尤其，在 Triandis（1995）的研究中，将集体主义倾向与个人主义倾向又划分为四个层次，分别是水平集体主义（Horizontal Collectivism）、垂直集体主义（Vertical Collectivism）、水平个人主义（Horizontal Individualism）、垂直个人主义（Horizontal Collectivism）。水平集体主义重视内部集团利益，但缺乏对内部集团附属感；与此相反，垂直集体主义遵循内部集团的规则，为了内部集团的利益乐于牺牲自己；水平个人主义与别人相比，强调独特性及个性；垂直个人主义则更加强调自己的独特性，希望通过竞争比别人更加突出。

与之不同的，赵英浩、赵允亨等（2002）在其研究中，将集体主义与个人主义进行了分离（见表4－2）。

表4－2　集体主义/个人主义的分类

个人主义倾向	高	纯粹个人主义者 (Pure Individualist)	二元主义者 (Dualist)
	低	无特征者 (Impoverished)	纯粹集团主义者 (Pure Collectivist)
		低	高
		集体主义倾向	

资料来源：赵英浩，赵允亨，等．关于组织成员个人主义倾向、集体主义倾向的研究［J］．韩国心理学，2002，15（3）：88－111.

二元主义者具有集体主义和个人主义两种倾向。这类群体随着个人所处情况不同，选择对自己有利的行为，表现出集体主义倾向或个人主义倾向，同时也会表现出集体主义与个人主义的综合倾向。纯粹个人主义只表现出强烈的个人主义倾向，区分自己和他人，表现出独立和独特的性质，具有自我概念，有自主性、独立性的自我形象。纯粹集体主义群体，只具有集体主义倾向，将自己视为社会关系的一部分，认识到自己的行为受别人的影响，自我表现上具有相互依存的特点，能形成和谐的人际关系，进行合作或让步。无特征者群体没有明显的集体主义或个人主义倾向的特征，这种群体并非是要视情况而选择哪种倾向，而是对对方意见的无条件服从（赵允亨、赵英浩，2004）。在本章中，将借鉴Triandis（1995）与赵兢浩（1996）的研究方法，对集体主义倾向/个人主义倾向进行测量和评价。

在现有的研究中，对个人主义倾向/集体主义倾向的测量有多种多样的方法。赵泰俊、尹秀才等（2013）分析了人力资源管理方法、组织文化与组织成果之间的关系。在该研究中运用了 Robert 和 Wasti（2002）开发的个人主义组织文化与集体主义组织文化的评价指标，对个人主义和集体主义进行了评价和测量。分析结果显示，集体主义组织文化越强，人力资源管理方法对组织成果的影响就越大；而个人组织文化越低，绩效反馈对组织成果的影响就越严重。即个人主义组织文化越低，成果反馈对组织成果的影响就越大。在该研究中，确认了个人主义/集体主义要素的调节作用。

李延珠（2006）在其研究中，对“逃北青年”的集体主义倾向/个人主义倾向进行了比较研究。在该研究中，为了测量集体主义倾向/个人主义倾向，参考了 Triandis（1995）在其研究中使用的垂直集体主义、水平集体主义、垂直个人主义和水平个人主义进行了评价分析。

高英子、李完景（2006）在其研究中，对幼儿教师的个人主义倾向和集体主义倾向进行了研究。在该研究中，运用了 Triandis（1995）开发的集体主义/个人主义的评价指标进行了分析，通过要素分析将个人主义/集体主义分为水平集体主义、垂直集体主义、水平个人主义、垂直个人主义。

南秀晶（2007）在其研究中分析了消费者的个人主义倾向/集体主义倾向对自我调节的影响，以及在影响过程中，消费价值变量的作用。在该研究中，根据 Triandis（1995）的研究，将个人主义/集体主义分为了水平/垂直的个人主义和集体主义四个层面，具体评价项目指标运用了 Chiou（2001），韩奎锡、申秀贞（1999），黄浩英、崔英均等（2005）等研究中使用的测量尺度，共计 20 个问项。

文辉昌、郑镇燮（2007）研究了文化倾向与经济成果之间的关系。在该研究中，采用了 OUI 模型对个人主义（责任、补偿）、不确定性回避（开拓性、规律性）、开放性（进取性、包容性）进行了评价分析。研究结果表明，个人主义倾向和不确定性回避倾向对经济成果有积极影响。

韩光贤（2010）分析专家指导与组织投入之间的关系，以及在这个关系中，个人主义倾向和集体主义倾向的调节效果。在该研究中，以Chen 和 West（2008）研究中开发的问卷为基础，对个人主义倾向和集体主义倾向进行了评价，个人主义倾向用独立感、竞争、成就感、自负心等评价测量，集体主义倾向用集体共享、内部决策对他人影响力等评价测量。

罗熙恩、李美兰等（2014）根据大学生的个人主义倾向和集体主义倾向，进行了多元文化接受性的研究。在该研究中，也借鉴了 Triandis（1995）倾向开发的测量指标，测定了集体主义和个人主义。

周载镇（2015）对警察公务员的个人主义倾向与职务态度之间的影响进行了分析。在该研究中，利用 Wanger（1995）研究中的测量指标“信念、价值、规范”等 11 个要素，对个人主义倾向/集体主义倾向进行了评价（见表 4－3）。

表 4－3　个人主义倾向、集体主义倾向的构成要素

研究者	评价要素	要素内容
李延珠（2006）	个人主义/集体主义	垂直集体主义、水平集体主义、水平个人主义
高英子、李完景（2006）	个人主义	水平个人主义（独立感、独特感）、垂直个人主义（竞争、成就感）
	集体主义	水平集体主义（团结、目标共享）、垂直集体主义（重视集体利益、服从）
南秀晶（2007）	个人主义	水平个人主义（独立感、独特感）、垂直个人主义（竞争、成就感）
	集体主义	水平集体主义（团结、目标共享）、垂直集体主义（重视集体利益、服从）
文昌辉、郑镇燮（2007）	个人主义	责任、补偿等
	不确定性	开拓性、规律性等

续表

研究者	评价要素	要素内容
韩光贤（2010）	个人主义	独立心、竞争心、成就心、自负心
	集体主义	集团共有、内部决策对他人的影响
罗熙恩、李美兰等（2014）	个人主义	水平个人主义（独立感、独特感）、垂直个人主义（竞争、成就感）
	集体主义	水平集体主义（团结、目标共享）、垂直集体主义（重视集体利益、服从）
周载镇（2015）	个人主义/集体主义	信念、价值、规范

资料来源：根据现有研究分析整理。

（二）不确定性回避倾向的概念及构成要素

根据霍夫斯泰德的研究，不确定性回避倾向定义为“作为一个文化体的成员，因为处在不确定的情况下，或因未知的情况而感到威胁”。不确定性回避倾向较弱时，意味着不安程度低。从回避不确定性的角度出发，国家之间的差异根源其实是权力距离副产品。不确定性回避可以定义为一个文化体的成员因为不确定的情况下或未知的情况而感到威胁，这种感觉也体现为紧张性压力、预测可能性的必要性、成文或不成文规定的必要性。另外，不确定性的感觉是个人性的，但有一部分与该团体的其他成员分享。

另外，不确定性回避倾向的核心是主观经验，即感觉。在不确定性回避倾向强烈的国家里，人们往往表现为忙碌、坐立不安、情绪紧张、攻击性、活跃。且在不确定性回避倾向较高的国家中，在其他各种条件相似的情况下，员工都倾向于寻找一份长期的工作（Hofstede，2010）。相反，在不确定性回避倾向较低的国家中，给人一种安静、不挑剔、悠然自得、节制、懒散的印象。另外，在不确定性回避倾向较低的国家中，含糊性和无秩序性被视为创造性的首要条件（Hofstede，2010）。

在既有研究中，对不确定性回避倾向的评价可以通过调查问卷进行直接测量，也可以利用霍夫斯泰德的文化维度指数的间接资料进行分析。在本章中，将使用调查问卷对不确定性回避倾向进行直接的数据收集与分析，因此，首先应把握不确定性回避倾向的构成要素。

Youkyung Lee（2012）在研究中，对中国和韩国的消费者进行了分析，分析内容为中韩消费者的文化倾向与 SNS 口传行动之间的关系。在该研究中，使用了 Jung 和 James（2004）提出的不确定性回避倾向的评价尺度，对中韩两国消费者的不确定性回避倾向进行了对比分析。

尹成俊（2013）对社会资本效果与网络接触进行了实证研究。在该研究中，不确定性回避倾向作为一个文化体成员因不确定性的情况或因未知情况而感到威胁。以霍夫斯泰德（1980）的研究中使用的不确定性回避倾向指标为基础，此研究有 5 个问项："如果我不能预测结果，我会感到非常紧张""我相信不能因为单纯的现实理由而打破规则""如果我不能预测出任何结果，我会很容易担心""我不喜欢不系统的情况，更喜欢系统的情况""我讨厌含糊不清的情况"。

张勇善（2009）分析了组织文化对学习组织化之间的关系。在该研究中，以不确定性回避倾向作为独立变量，分析其对学习组织化的影响。为了有效进行研究，对不确定性的评价使用了 Fiker - Pasa 等人（2001）和 House 等人（1999）对不确定性回避倾向的评价指标，即组织中对规则的培训程度、组织成员遵守规则的行为程度、组织成员必须无例外地进行结构化的组织生活程度、组织中对工作服规定的强调程度等。

张恩美（2006）对中韩两国模式与组织沉浸之间的关系进行了对比研究。在该研究中，通过调查问卷收集了中韩两国的不确定性回避倾向相关数据，并进行了分析。在问卷中，运用了霍夫斯泰德（1980）的评价指标，不确定性回避倾向包括"必须遵守规则和程序""工作规定必需文件化"等 5 个问项。

赵娜（2010）对中国商业银行的消费者进行了满意度和忠诚度分

析。在该研究中，以不确定性回避作为媒介变数对其进行了研究。在该研究中，对不确定性回避倾向的定义为“银行消费者在办理银行业务时，由于一些不可预知或未知状况，产生的一种心理回避倾向”；以Furrer等人（2000）与Yoo和Donthu（2002）在研究中使用的评价指标为基础，并进行了修正和使用。具体问项包括“对金融损失的认识”“因利率变化而产生的不安感”“利率变化专业知识的重要性”“信息变更时及时告知顾客”等内容。

Scott Shane（1995）的研究表明了不确定性回避倾向和创新成果之间的联系。这项研究运用了霍夫斯泰德（1980）提出的相关评价指标，包括专业知识、竞争态度、规则、稳定性等要素。

Bruce Money和John C. Crotts（2002）分析了国际游客的不确定性与其信息探索、决策、商品购买之间的关系。在该研究中，对不确定性回避倾向并没有通过问卷调查收集一手数据，而是利用霍夫斯泰德的文化维度指数的二手数据进行测量与分析。Swierczek，Fredric William、Ha、Thai Thanh（2003）在其研究中也运用了霍夫斯泰德额的不确定性回避倾向指数，分析了不确定性回避倾向与组织性之间的关系。Manuel J. Sánchez - Franco、Francisco J. Martínez - López和Félix A. Martín - Velicia（2007）在其研究中同样运用了霍夫斯泰德的文化层面指数，以欧洲大学生为研究对象，对其知觉有用性、使用态度、Web基础的电子学习之间的关系进行了分析，并基于此分析了不确定性回避倾向的调节作用。

Jae Min Jung和James J. Kellaris（2004）分析了稀有性对购买意图的影响。在该研究中，以不确定性回避作为调节变数对其进行分析。为了测量该研究中的不确定性回避倾向，根据霍夫斯泰德1980）提出的不确定回避倾向的维度对其进行了分析。

Martin Reimann、Ulrich F. Lünemann和Richard B. Chase（2008）在其研究中分析了知觉的服务质量与游客满足之间的关系。在该研究中，利用霍夫斯泰德（1980）提出的不确定性回避倾向的指标，对其进行分析。根据研究结果显示，不确定性回避倾向在知觉的服务质量对游客满意度产生影响时，具备了调节作用，即不确定性回避倾向越高，越能强化知觉服务质量对游客满意度的影响。

Vanessa Ann Quintal、Julie Anne Lee 和 Geoffrey N. Soutar（2010）在研究中，以中国、日本、澳大利亚的游客为研究对象，分析了旅游信息收集与不确定性回避倾向之间的关系。为了达到研究目的，采用霍夫斯泰德（1980）提出的评价指标。分析结果显示，中国、日本、澳大利亚的游客都有不确定性回避倾向，对信息收集产生正面的影响。

通过以上的研究发现，测定不确定性回避倾向的方法有两种：①利用霍夫斯泰德的文化维度指数（二手资料）；②通过问卷调查直接进行数据收集。本章为了测定中国少数民族和汉族的不确定性回避倾向，选择利用霍夫斯泰德（1980）和 Jung（2004）提出的评价指标，并以此为基础做调查问卷，进行数据收集（见表 4－4）。

表 4－4　不确定性回避倾向的调查问卷

变　量	构成要素	问　项	出　处
不确定性回避倾向	规律、安定	（1）当结果预测困难时我会很紧张 （2）我讨厌模糊不确定的状况 （3）我相信不能由于单纯的现实性理由而去破坏规则 （4）不能预测某些结果的情况，很容易感觉担忧 （5）比起非系统的状况来，更偏好系统的状况	Hofstede（1980）、Jung（2004）
	专业知识	（6）通过仔细的解说，人们可以自己完成一些事情 （7）具有标准化程序的组织对工作有帮助 （8）说明书或指南对工作的完成非常重要	

资料来源：根据现有研究分析整理。

二、文化倾向与成果

在现有研究文化倾向与成果间关系的文献中，很难找到与地区发展成果相关联的，因此，扩大了这一部分的文献考察范围，总结了以组织为分析对象进行的对文化倾向与成果之间的研究。在对组织的文化倾向进行评价时，很多研究运用了霍夫斯泰德的文化维度理论。因此，本章也借鉴霍夫斯泰德的文化维度理论，探讨文化倾向与成果之间的关系。通过分析现有研究，确定组织的文化倾向与其成果之间的关系，并以此为基础，探讨社区的文化倾向与其成果之间的关系。

（一）文化倾向的调节效果

在现有研究中，文化倾向构成要素的个人主义倾向/集体主义倾向、不确定性回避倾向等具备调节作用。

都允京（2005）根据个人主义倾向/集体主义倾向，分析了秘书对上司的信赖与组织有效性之间的关系。把集体利益置于个人利益之上，对集团有归属感并赋予其较大的价值，可牺牲个人利益以期集体利益的秘书，即便是对上司的信赖水准较低，但可以为了组织的和谐与组织的成果，在行为上表现出对组织的高投入性。特别是具有强烈的集体主义倾向的秘书，虽然对工资不满且没有其他动机赋予，但是也会为了组织成果而投入工作。

郑东燮、郑文燮（2005）在分析风险企业的网络特性对企业成果的影响时，发现了环境不确定性的调节效果，即环境的确定性越强，网络强度对企业成果的积极影响就越大；相反，网络可靠性与环境敌对性变量的相互作用对成果的负面影响就越大。

Fernando Jaramillo 等（2005）对组织投入和销售员成果之间的关系进行了分析，并探讨了在此关系中个人主义倾向的调节作用。分析结果显示，组织投入对售货员的工作成果产生积极的推动作用，个人主义对这种正面影响具有调节作用。即个人主义倾向强，就会降低组织投入对销售员成果的积极推动作用。

J. Manuel、Súnchez - Franco 等（2007）运用霍夫斯泰德文化维度中的指数，分析了基于 Web 学习的教育者们感知的有用性、容易性、对使用态度间的关系，并分析了个人主义倾向与不确定性回避倾向的调节作用。分析结果显示，感知的有用性和容易性对基于 Web 学习的使用意图产生正面影响，这种正面影响因个人主义的不同而发生变化。即个人主义倾向越强，感知的有用性和容易性对基于 Web 学习的使用意图的促进作用就越明显。另外，不确定性回避倾向越强，就越能强化这种积极的影响。感知的容易性对基 Web 学习使用态度的促进作用，会随不确定性回避倾向的提高而有所加强。

尹成俊、韩熙恩（2011）以中国和韩国为研究对象，以文化价值观为调节变数，分析了社会网络结构特征和产品口碑扩散之间的关系。在该研究中，对两个变量之间的关系从社会文化层面进行了分析，验证了网络特性对口碑效果的影响因文化价值观的不同而发生变化。在对文化价值观进行评价时，运用霍夫斯泰德的个人主义倾向/集体主义倾向、不确定性回避倾向进行的衡量。分析结果显示：①韩国的个人主义倾向越强，网络特性对口碑的影响越小，网络特性对信息质量的正面影响就越大。中国的个人主义倾向越强，社会网络的强度就会越大，对口碑信息的传播效果及信息质量的影响就越大。②不确定性回避倾向越强，网络特性对口碑的影响越低，对信息质量的影响也就越大。

赵泰俊等（2013）分析了人力资源管理方法与组织成果之间的关系，并探讨了文化倾向的调节作用。在该研究中，使用了 Robert 和 Wasti（2002）提出的评价指标，对个人主义倾向/集体主义倾向进行了分析。分析结果显示，在集体主义倾向强烈的组织中，人力资源管理对组织成果的促进作用明显：在个人主义倾向较弱的组织中，人力资源管理对组织成果的促进作用明显（见表 4 - 5）。

表 4－5 个人主义/集体主义倾向及不确定性回避倾向的调节效果

区 分	研究者	研究内容	研究结果
个人主义倾向/集体主义倾向	都允京（2005）	信赖与组织有效性之间的关系，以及秘书的个人主义倾向/集体主义倾向的调节效果在此关系中的调节效果	集体主义倾向强的秘书，就算对上司的信赖低，但是也会为了组织的和谐与团结、组织的成果而努力
	Fernando Jaramillo 等（2005）	组织投入与销售员的成果之间的关系，以及个人主义倾向的调节作用	组织投入对销售员的成果有正面影响 个人主义对其有负面调节作用
	J. Manuel、Sánchez－Franco 等（2007）	基于 Web 学习的知觉有用性、容易性之间的关系分析，以及个人主义倾向在其关系中的调节作用	知觉有用性和容易性对基于 Web 学习的使用意图有积极作用
	尹成俊、韩熙恩（2011）	网络特性对口碑传播效果的影响，以及在这个影响中文化价值观差异的作用	韩国个人主义倾向越强，网络特性对口碑传播的影响力就越小 中国个人主义倾向越强，网络特性对情报质量的影响力就越大
	赵泰俊等（2013）	根据组织文化不同，人力资源管理对组织成果的影响程度是否有所差异	集体主义倾向强化了人力资源管理对组织成果的正向影响 个人主义倾向弱化了人力资源管理对组织成果的正向影响
不确定性回避倾向	郑东燮、郑文燮（2005）	网络特性对企业成果的影响，以及环境不确定性在其关系中的作用	环境确定性越强，网络连接对企业成果产生的影响就越大 网络信赖性与不确定性的相互作用对企业成果产生负面影响

续表

区　分	研究者	研究内容	研究结果
不确定性回避倾向	Manuel J. Sánchez – Franco 等（2007）	基于 Web 学习的知觉有用性、容易性间的关系分析，以及不确定性在其关系中的调节作用	感知的有用性和容易性对基于 Web 学习的使用意图具有积极作用 知觉的容易性与有用性对使用态度有正面影响 不确定性回避倾向越强越能强化以上两种关系
	尹成俊、韩熙恩（2011）	验证网络特性对口碑效果的影响，及文化价值对其调节作用	不确定性回避倾向越强，网络特性对口碑效果的影响就越低 不确定性回避倾向越强，网络特性对信息质量的影响就越大

资料来源：根据现有研究分析整理。

（二）文化倾向与成果之间的关系

在一些研究中，依据 Triandis（1995）开发的问项对个人主义倾向/集体主义倾向的评价进行了分析。分析结果显示，个人主义倾向强烈的集团与集体主义倾向强烈的集团之间的组织有效性不同。即在个人主义倾向强烈的集团中，组织有效性较低；而集体主义倾向强烈的集团中，组织有效性较高。

Karen L. Newwan 等（1996）对个人主义倾向与组织成果之间的关系进行了分析。在该研究中，以霍夫斯泰德的文化维度为基础，对个人主义倾向/集体主义倾向和不确定性回避倾向进行了评价。结果发现，在个人主义倾向较强的文化环境中，个人主义倾向对组织成果有积极的影响；在集体主义倾向较强的文化环境中，集体主义倾向对组织成果有积极影响。另外还发现，不确定性回避倾向与组织成果之间呈现 U 形关系。

James H. Tiessen（1997）分析了个人主义倾向/集体主义倾向和创业之间的关系。在该研究中，个人主义倾向对组织成立的发生率及组织创新均有积极影响，集体主义倾向对企业创业的成果产生积极影响。

P. Morosini 等（1998）在研究不确定性回避倾向与跨国获益之间的关系中，该研究运用霍夫斯泰德的文化维度中的构成要素，对不确定性回避倾向做了评价分析。结果显示，不确定性回避倾向越强，跨国获益就越多。但是在该研究中，不确定性回避倾向对成果的影响并不大。

Jody Evans 等（2002）在其对文化距离与组织成果之间的关系进行了实证分析。在该研究中，利用霍夫斯泰德文化维度的构成要素，对文化差异进行了评价。分析结果显示，个人主义倾向/集体主义倾向和不确定性回避倾向对组织成果没有影响。

李俊昊（2003）分析了组织成员认知的文化倾向与组织成果之间的关系。该研究选取集体主义倾向、权力距离、不确定性回避倾向来对文化倾向进行分析。分析结果显示，集体主义倾向直接对组织成果产生负面影响，文化倾向只有通过媒介变量才会对组织成果产生影响。

D. Ringov 等（2007）在其研究中，分析了个人主义倾向/集体主义倾向和不确定性回避倾向对环境性成果及社会性成果的影响。在该研究中，依据霍夫斯泰德的文化维度构成要素及 GLOBE 的评价指标对个人主义倾向/集体主义倾向和不确定性回避倾向进行了分析。研究结果显示，个人主义倾向/集体主义倾向与不确定性回避倾向对社会性/环境性成果均不产生影响。

文辉昌等（2007）探讨了文化倾向和经济成果之间的关系。在该研究中，运用 OUI 模型对文化倾向进行了评价测量，具体有个人主义倾向（责任、补偿）、不确定性回避倾向（开拓性、规律性）、开放性（进取、包容）等。研究结果显示，个人主义倾向和不确定性回避倾向对经济性成果具有正面影响。

田辉、陈晓红（2009）深入分析了中国合资企业的个人主义倾向/集体主义倾向和不确定性回避倾向与企业绩效之间的关系。在该研究中，采用了霍夫斯泰德文化维度的构成要素，分析了个人主义倾向/集体主义倾向和不确定性回避倾向。分析结果显示，不确定性回避倾向对合资企业的成果有消极影响作用，个人主义倾向/集体主义倾向与合资企业的成果之间呈现 U 型关系。

全熙珠等（2012）研究了多文化组织中的文化倾向与组织成果之间的关系。该研究利用霍夫斯泰德提出的 5 个文化维度，对文化倾向进行了评价。研究结果发现，在霍夫斯泰德提出的 5 个维度中，不确定性回避倾向、长期指向性、集体主义倾向对组织成果均产生积极影响。

金载勋（2014）分析了新职员的个人主义倾向对组织有效性的影响。该研究根据个人主义倾向/集体主义倾向的不同，验证了组织有效性的差异。

D. Ringov 和 M. Zollo（2016）研究了组织的文化倾向对组织社会成果的影响。在该研究中，选取了霍布斯特德的 4 个维度，即不确定性回避倾向、个人主义倾向、男性倾向、权力距离来分析组织的文化倾向。分析结果发现，不确定性回避和个人主义不会影响组织的社会成果，权力距离和男性倾向对组织的社会成果产生负面影响。

P. Morosini 等（2016）分析了国家文化差异对收购成果的影响。该研究利用霍夫斯泰德的文化维度构成要素，评价了不确定性回避倾向。分析结果发现，不确定性回避倾向虽然对收购成果影响小，但也会产生一定程度的积极作用。另外，不确定性回避倾向越低，收购成果就越大（见表 4－6）。

表 4－6　文化倾向与成果之间的关系

研究者	研究内容	分析结果
Karen L. Newwan 等（1996）	个人主义倾向/集体主义倾向对组织成果的影响	在个人主义倾向强烈的文化环境中，个人主义倾向对组织成果具有积极作用 在集体主义倾向较强的文化环境中，集体主义倾向对组织成果具有积极作用 不确定性回避倾向与组织成果之间的关系呈 U 形

续表

研究者	研究内容	分析结果
James H. Tiessen (1997)	集体主义倾向/个人主义倾向与创业之间的关系	个人主义倾向对组织成立发生率与组织创新均产生积极影响 集体主义倾向对企业创业的成果产生积极影响
P. Morosini 等 (1998)	组织的不确定性回避倾向与跨国获利之间的关系	不确定性回避倾向越强，跨国获益就越多
Jody Evans 等 (2002)	文化距离与组织成果之间的关系	个人主义倾向/集体主义倾向及不确定性回避倾向对组织成果没有影响
李俊昊 (2003)	组织成员认知的文化倾向与组织成果之间的关系	集体主义对组织成果产生负面影响，文化倾向通过媒介变数对组织成果产生影响
D. Ringov 等 (2007)	个人主义倾向/集体主义倾向与不确定性回避倾向对环境性/社会性成果的影响	个人主义倾向/集体主义倾向和不确定回避倾向对社会性/环境性成果均不产生影响
文辉昌等 (2007)	文化和经济成果之间的关系	个人主义对经济成果有正面影响 不确定性回避倾向对经济型成果产生积极影响
田辉、陈晓红 (2009)	中国合资企业的个人主义倾向/集体主义倾向与不确定性回避倾向对企业成果的影响	不确定性回避倾向对合资企业的成果产生负面影响 个人主义倾向/集体主义倾向与合资企业的成果之间呈 U 形关系
全熙珠等 (2012)	分析了多文化组织的成果与组织文化倾向之间的关系	不确定性回避倾向、长期指向性、集体主义倾向对组织成果均产生正面影响
金载勋 (2014)	新进职员的个人主义倾向/集体主义倾向对组织有效性的影响	新职员个人主义倾向较强的集团，组织有效性较低 新职员集体主义倾向较强的集团，组织有效性较高
D. Ringov 和 M. Zollo (2016)	组织的文化倾向对组织社会成果影响	不确定性回避倾向与个人主义倾向对组织的社会成果没有影响 权力距离与男性倾向对组织的社会成果有负面作用

续表

研究者	研究内容	分析结果
P. Morosini 等（2016）	国家的文化差异对收购成果的影响	不确定性回避倾向越低，收购成果就越大

资料来源：根据现有研究分析整理。

第三节　本章小结

在现有文献中，可以说明在文化差异的理论中，最具代表性的为霍夫斯泰德的文化维度理论。据此理论，可以将文化看作是人的心理程序，可以影响和决定人的行为模式。霍夫斯泰德为了使文化维度理论量化，开发了个人主义倾向和集体主义倾向、不确定性回避倾向、男性倾向/女性倾向、长期指向性和权力距离等 5 个构成要素，用以评价衡量文化差异。国家间、地区间，甚至组织之间都可能具有不同的文化价值观，即形成了文化差异，而这些具有不同文化的群体行为方式则大不相同。例如，在个人主义倾向强烈的群体中，重视自己的利益、自我成就感、自我实现等，为了实现自己的目标而采取行动；在集体主义倾向较强的群体中，更加重视集体利益、和谐、合作、忠诚、服从等。另外，在不确定性回避倾向较强的群体中，想要依靠规定或规律来规避现实的不确定、追求秩序、更喜欢被限制和系统性的环境，且对专业知识的需求较为强烈。

文化差异不仅存在于国家之间、地区之间，而且在同一个国家中不同民族之间也表现了强烈的文化差异。由于各个民族之间有不同的历史、语言、宗教，所以民族文化必然存在着差异。特别是中国，包括汉族和 55 个少数民族，是多民族社会。汉族与各少数民族的语言、宗教、历史都有所不同，因此汉族与少数民族之间必然存在着文化差异。另外，中国政府为了发展少数民族地区，促使汉族与少数民族的经济、社会文化交流增多，在汉族与少数民族的相互交流过程中，少数民族形成了一些独特的心理特性，与汉族文化差异较大。通过实证分析，少数民族比汉族的集体主义倾向更为强烈，汉族的个人主义倾向与不确定性回避倾向较为强烈。

通过对既有研究的分析，可以确认组织的文化倾向和组织成果之间的关系。在现有研究中，个人主义倾向/集体主义倾向和不确定性回避倾向既对组织成果产生直接影响，也可以作为调节变量对组织成果产生影响。在现有的研究中，集体主义倾向/个人主义倾向和不确定回避倾向虽然根据测量方法得出了多种结果，但是可以确认文化倾向对发展成果具有显著影响。因此，以现行研究的分析结果为基础，本章展开对社会资本与地区旅游开发成果关系分析，并探讨文化倾向中个人主义/集体主义倾向与不确定性回避倾向在此关系中是否具有调节作用。

最初在霍夫斯泰德的研究中，个人主义倾向/集体主义倾向的构成要素在同一层次上用同单一指标进行评价。在这种方法中，集体主义倾向与个人主义倾向是对立关系，一个团体只能具备其中之一的特性，即一个团体要么是集体主义倾向的团体，要么是个人主义倾向的团体。但在 Triandis 认为，个体或者群体中的集体主义倾向与个人主义倾向不是对立关系，个体或群体中可能同时具备这两种特性。因此，Triandis 另外开发了对个人主义倾向和集体主义倾向进行评价的指标。其中，集体主义倾向包括团结、目标共享、重视集体利益、服从等因素，个人主义倾向包括独立感、独特感、竞争、成就感等因素；不确定性分析包括规律、安全、专业知识等内容。本章在对文化差异的个人主义倾向/集体主义倾向和不确定性回避倾向进行衡量时，以霍夫斯泰德的文化维度理论为基础，综合运用 Triandis 开发的评价指标进行了实证分析。

综上所述，本章基于现有研究的成果，对中国汉族地区与少数民族地区的社会资本对地区旅游开发成果的影响进行了分析，为了验证地区间社会资本形成及其效果的差异性，运用霍夫斯泰德的文化维度理论，将文化差异构成要素作为其影响关系的调节变量，对其进行实证分析。

第五章　基于社会资本视角的乡村旅游现状及问题

第一节　乡村旅游的概念及意义

一、乡村旅游概念与乡村旅游产品

（一）乡村旅游概念

与旅游业研究相比，乡村旅游相关研究开展得较晚。国内外学者对乡村旅游的概念没有统一的认识，给出定义的核心是：在乡村这一特定地域发展旅游业，利用乡村资源打造旅游产品。在界定概念时，研究者根据其研究目的和方法不同，有不同的界定，乡村旅游以其特有的乡村自然风光、人文景观为依托，通过满足旅游者感受乡村生活、体验农业生产、参与民俗活动、回归自然等多种需求而获取经济社会效益的新型旅游形式。

国内外对这种以乡村旅游为目的地的特定旅游类型，有不同的称谓，如乡村旅游（Rural Tourism）、农业旅游（Agri – Tourism）、村落旅游（Village Tourism）、农场旅游（Farm Tourism）等，这些概念彼此之间也经常被混用。我们认为，结合中国具体国情，以传统、自然、原生态的乡村要素为基础发展起来的地方都可称为乡村旅游地，相应的，到这些地方进行的旅游活动都属于乡村旅游的范围。

Nilsson（1983）认为，乡村世界是城市和荒野山地的连续体，郊野旅游及户外休闲不是乡村旅游，乡村旅游是发生在乡村地区的旅游活动，比如农庄旅游及发生在乡村的其他旅游活动。Gilbert、Tung（1990）认为，乡村旅游是农户为旅游者提供食宿等条件，使旅游者可以在农场、牧场等典型的乡村环境中从事各种休闲活动的一种旅游形式。

Edward（1991）将乡村旅游界定为“旅游者住在乡村或乡村附近，了解当地文化、生活方式和习俗，而且常常会参加乡村里的一些活动”。欧盟（1994）将乡村旅游界定为发生在乡村的旅游活动。世界旅游组织（1997）则认为，乡村旅游是指旅游者在乡村及其附近逗留、学习、体验乡村生活方式的活动。Reichel（2000）认为，乡村旅游是发生在乡村地区，建立在乡村世界的特殊面貌、经营规模小、空间开阔和可持续发展的基础之上的旅游类型。

由以上文献对乡村旅游的概念进行的界定可以得知，国内外研究者对乡村旅游的概念虽然有些差异，但这些概念包括了两个方面：①该活动主要在乡村范围内展开；②旅游吸引物必须是乡村特有的，在城市中难以体验的。其特点主要表现在以下几个方面。

（1）乡村性。它是指乡村旅游必须在乡村地域内开展。其中，乡村特有的自然和文化风光是其核心吸引物，如乡村风光、乡风民俗、乡土人情、乡土建筑等。

（2）多样性。中国乡村地区广阔，拥有丰富的自然和人文景观。由于地域和风俗习惯不同，各具特色的民族文化、风格迥异的乡村建筑和地域差异的自然景观等诸多因素共同构成了多样的乡村景区。

（3）适度性。乡村生态环境是由自然生态和社会生态共同组成的复合型生态系统。乡村旅游资源容易受到季节、天气的影响，具有脆弱性。对乡村旅游资源开发与利用遵循适度原则，在保持乡村原始生态特性的前提下开发乡村旅游资源。

（4）参与性。乡村旅游除了具有传统形式上的观光、度假功能外，还具备科学考察、休闲疗养等功能。乡村旅游项目的特征使旅游者更易参与其中，通过采摘农产品、耕种、播种、垂钓、漂流、篝火、少数民族节庆等活动亲身体验民族风情、欣赏田园风光、感受农家生活，还可购得新鲜的农副产品和特色手工艺品。

（二）乡村旅游产品与体验

旅游产品一般指由交通线路串联起来的旅游景点、旅游接待设施、旅游服务设施构成的旅游线路，指游客向旅游经营者购买的各种物质产品和服务，具有不可移动性、综合性等特征，是旅游者出游一次所获得的整个经历。林南枝、陶汉军认为，乡村旅游产品是由乡村旅游资源整合而形成具有地方特色的活动项目，其中乡村旅游资源包括乡村自然环境、文化、风俗习惯和乡村遗产等。

从旅游产品的提供角度来看，可将旅游产品分为三个层次：核心产品、形式产品和延伸产品。核心产品是指产品满足消费者需求的基本效用或属性，是消费者购买和消费的主要部分。通常包括旅游资源和旅游服务。形式产品是指产品的实体和外形，包括式样、形状、品牌、质量，是保证产品的效用和价值得以实现的载体。通常指旅游产品的形象、特色、品牌和声誉。延伸产品则是指给游客带来的方便性和附加利益。如停车场、线路指引、旅游 APP。从旅游产品的层次来看，可分为：基础层次、提高层次和发展层次。从旅游产品的功能构成来看，旅游产品包括基础型产品、提高型产品和发展型产品。从旅游产品的供给结构来看，主要分为旅游吸引物、旅游设施、旅游可进入性。从旅游者参与程度来看，旅游产品可分为观光旅游产品、主题型旅游产品、参与型旅游产品和体验型旅游产品等。旅游产品的分类方法较为多元化，参与型产品满足游客参与娱乐活动，由静态向动态发展；体验型旅游产品满足游客亲身体验的需求，以独家、休闲产品为主。

体验被定义为，当一个人的情绪、体力、智力甚至是精神达到某一特定水平时，其意识中所产生的美好感觉。国内学者谢彦君提出，旅游体验是旅游者活动的主要内容之一，其满足程度决定了旅游的质量感知水平。因此，旅游体验往往体现在游客的满意度和离开景区后是否留下难忘的印象。游客在使用旅游产品后对整个旅游过程中留下的印象和消费过程的回忆，形成的愉悦是值得回味的。邹统钎认为，乡村旅游使游客在主题行为上具有很大程度的参与性、娱乐性，它的本质在于体验。

二、乡村旅游的意义

（一）经济影响

乡村旅游对乡村社区最直接的影响体现在促进当地经济发展方面。乡村旅游的开发实现了产业的交叉与渗透，为第一产业与第三产业的良好结合提供了切实可行的途径，成为一种新型旅游产业模式，其发展必然会带动农业及农村相关产业的发展，从而有利于综合开发与利用农村资源，调整和优化农业结构，增加就业机会，提高农民收入，促进乡村经济的发展。

首先，乡村旅游的开发促进了当地农业和旅游业、生产和消费的有机结合，使农业旅游化、旅游农业化，农业和旅游相互渗透、促进和补充，从而扩大农业生产经营范围，增加营业收入，同时也强化了农民的自我积累、自我发展的运行机制，增加农产品的生产量和农业附加值，加快了传统农业向新型农业的转变，带来巨大的经济效益。其次，乡村旅游开发有利于形成新的产业链和新的生产能力，有助于形成旅农工、科工贸、产供销一条龙的生产体系，促进当地商业、饮食业、邮电、交通产业的发展。最后，乡村旅游的开发，为农村劳动力提供了大量的就业机会。农业 + 旅游业构成的乡村旅游属于劳动密集型产业，该产业对劳动力吸纳能力强，是就地消化农村剩余劳动力的一个途径。

乡村旅游发展除了表现对经济发展的推动作用外，也产生了一些不利影响，比如乡村旅游开发所在地的物价上涨，导致居民生活成本增加；另外，在乡村旅游的开发过程中往往涉及征地，这就导致了对传统产业的冲击（农业与养殖业消失），使依赖于传统农业生存的乡村居民面临失业危机。

（二）社会文化影响

乡村旅游的开发促进了农村居民与外界事物、外界群体的交流，这是一个互动的过程，对双方都会产生影响。首先，乡村旅游的发展满足了城市居民“回归自然”的消费需求，从另一个侧面圆了都市人的绿色梦，丰富了生态旅游的内容；其次，乡村旅游开发，促进了当地精神文明建设和农民素质的提高。随着乡村旅游区的开放，四面八方的游客大量涌入，促使当地居民与外界产生广泛交流，开阔了农村居民视野、增长了见识、美化了语言、更新了观念，并逐步改变其旧有的生活习惯，使他们的文化素养、经营思想得到升华。

从长期来看，旅游会在价值观念、道德标准、个体行为、家庭关系、集体生活方式、社区组织等方面对农村社会产生影响，这些影响可能是正面的，也可能是负面的。一方面，它有利于对乡村地区传统文化的保护和原有价值关键体系的肯定。旅游业的可持续发展需要建立在对文化保护的基础之上，这使得乡村地区传统文化中的风俗习惯、民间艺术和历史遗迹得到了保护，尤其使那些濒临绝迹的文化遗产得到了保护和弘扬。这些拯救活动给当地价值观念提供了一定的生存空间，是对原有价值观念的肯定（王雪华，1999）。另一方面，旅游活动有利于不同的文化交流。在农村社会普遍落后的情况下，旅游活动能促进先进文化在农村社会的传播，催生出新的价值观念，使农村居民的生活更趋完善。由于参加乡村旅游的游客一般都来自经济相对发达的中心城市，城乡之间在消费水平、价值观念等方面存在差别，旅游者会对农村居民产生一种示范效应，使得农村居民在一起可能的情况下模仿游客的生活和消费方式。这种由发达经济孕育产生的强势文化对欠发达地区的弱势文化的影响力，会促使弱势文化向强势文化靠拢。如此一来，城乡差别会日趋缩小或最终消失。

除此之外，乡村旅游的开发有利于提高乡村的社会声誉，树立乡村新形象，从而树立农村居民的自豪感和自信心，提高农村居民对生活质量的认知。

（三）环境影响

旅游业对乡村的环境而言也是一把双刃剑，在处理得当的情况下，乡村旅游业能够激发农村居民整治环境、改善生态环境质量的积极性和主动性。而且，发展乡村旅游创造的经济效益，能为生态保护提供更多的资金和技术支持。因此，乡村旅游的开发，可以美化景区，促进农村生态环境建设。为招揽游客，乡村旅游区内部的田园、道路、村落以及四周的环境力求完美，农舍田园布局合理，景观错落有致，加上绿色植被，使农村大、小环境都得到改善。由此可见，发展乡村旅游在保护生态和美化环境方面的作用显而易见。

另外，由于乡村旅游地往往地处自然环境比较原始的偏远地区，如果在发展过程中不进行科学的规划和管理，则会给乡村的自然资源和生态环境造成不同程度的破坏，包括自然景观的破坏，例如为增加丽江地区的旅游收入和旅游人次，有关部门在虎跳峡东南岸丽江一侧的峭壁上开凿了公路，由于地质条件复杂、地形陡峭，出现多处崩塌，并在丽江形成倒石堆，使自然环境和旅游景观受到严重损害。如噪音和生活垃圾污染、水、土壤及大气污染；珍稀动植物资源遭到破坏。在某些地区，甚至以猎食野生保护动物作为招揽游客的手段。这些负面影响将导致农村居民的生活质量下降，严重的可能会引起农村居民对旅游业的抵触情绪，影响乡村旅游的健康发展。

第二节　乡村旅游的市场需求及开发

一、游客对乡村旅游的需求

游客在进行旅游活动时，都是先认识到了自己的需求，由需求产生动机，进而推动潜在游客进行旅游行为。乡村旅游动机较为多元化，具体包括回归自然、休养、娱乐、观光、求职、健身和购物等。就乡村旅游需求而言，游客参加乡村旅游的动机不外乎有以下几种情况。

（1）逃避现实、回归自然的心理需求。长期生活在都市中的人们生活、工作压力较大，当压力积累到一定程度时，产生了释放压力的心理需求，希望通过乡村旅游暂时从繁重的工作和生活压力中解放出来，寻求一种回归自然、解脱心灵的享受，并通过参与体验各种农事活动，获取身心的放松和娱乐。

（2）对教育和社交的心理需求。目前以家庭为单位出游的消费者占很大一部分比例，长期生活在都市中的人们，尤其是儿童缺少对农村、农事和大自然的基本了解和体验，因而促使许多都市居民出于各种不同的动机，例如增强亲子感情、学习新知识等，参与到乡村旅游活动中来，以求扩大视野和陶冶情操。人们希望到不同于日常生活环境的地方去旅行，且愿意花时间参加活动。例如有些消费者想抛开已经创造出来的财富去体验普通人的生活方式，许多人希望在工作和家庭生活环境以外的地方与人接触、与不同群体打交道。

（3）在各种情怀驱使下的旧地重游。中国是农业大国，80% 的人口居住在农村，现代城市居民也有相当一部分是农村劳动力转移的成果，其家族成员与农村有着千丝万缕的联系，血缘、亲缘是城乡友好往来的基础。尤其中国在 20 世纪 60 年代开展过“上山下乡”“干部下放劳动”“走五七道路”等活动，城市居民中各个阶层都与农村、农民发生过直接、间接的关系。回归城市后，久居于此，随着经济发展和生活水平的提高，加之在生态旅游、休闲旅游的烘托下，产生了感受历史遗迹、走亲访友、回归自然、返璞归真、忆苦思甜等心理需求，正因如此，这种新的旅游方式被广大消费者认可和接受。

（4）主动参与和体验意识强。随着游客的日益成熟，积累了丰富的旅游相关经验，游客的旅游行为已从过去的游览、观看型转变为体验参与型。因此，要求旅游产品要有吸引力，能满足游客对深度体验的需求。很多乡村地区的旅游产品的打造较为多元化，例如“住农家屋、吃农家饭、干农家活、赏农家景”等活动都充分强调一种游客的主动参与性。游客在农村可欣赏田园风光，品尝当地特产，还可以体验农事乐趣，使得游客在享受自然的同时，参与体验的需求也得到了满足。

由此可见，人们参加乡村旅游的动机体现在多方面，对乡村旅游的心理需求也是多方面的，因此可以说人们对乡村旅游的需求是复合型的。乡村旅游体验不仅可以缓解人们的生活压力，还可以促进乡村旅游开发地的经济增长、文化弘扬、形象树立；而对于生活在喧嚣城市中的游客来说，田园风光具有极大的吸引力，因此，乡村旅游市场前景广阔。

二、乡村旅游产品的开发原则

面向城市开发乡村旅游产品，需要体现正确的开发导向观念即市场导向观念。乡村旅游产品开发的基本原则应以城市居民为主要客源进行的旅游产品开发，满足城市居民对乡村旅游产品的需求，体现乡村旅游的文化及民俗、生态型、参与体验性、特殊性等。

（一）乡村旅游产品的文化性与民俗性

文化是一种人文的差别，而民俗是文化的一种重要表现形式。随着人类的进步，人们对文化的追求永不停止。乡村旅游涉及的文化是以农村生活、农事文化、当地故事及传说为主旋律，且地区间存在着明显的差异、带有朴实乡土气息的村野文化，它是乡野之民创造的物质财富和精神财富的综合，包含丰富的历史、经济、科学、民宿和文学等文化内涵。只有深入挖掘并保留其原真性，精准传达给游客，才能赢得市场，延长其产品的生命周期。

（二）生态型

农村是较少受到现代化影响的地区，尤其是在我国，传统农业仍是大部分农村的主要产业，农村的生态环境也要比城市保护的好。居住在城市里的人之所以选择农村作为旅游目的地，往往也是因为这一点。因此，在开发乡村旅游项目时，包括各种设施建设在内的开发活动都不能破坏原来的生态环境。

（三）参与体验性

参与性是乡村旅游的一个重要特征。参与性是让游客参与农业生产的某一过程的活动，通过模仿、习作、体验，使游客有成就感、满足感、自豪感。根据参与活动融入的内容和方式不同，乡村旅游的参与性可划分为无酬型参与、有偿型参与、品尝型参与、农业夏令营式参与、娱乐型参与、健身型参与等6种方式（卢云亭，1995）。参与性是乡村旅游的灵魂，现代人从骨子里都有一种参与的倾向，这一点虽未经心理学家证实，但城里人在屋檐下竭力保留的方寸土地，似乎能说明什么。所以，在乡村旅游开发中，也要注意开发一些能为游客提供农事实践机会的旅游项目，使旅游更有深度、更有意趣。

（四）特殊性

当幸存旅游项目被当作旅游产品开发出来时，特殊性是其生命力所在。只有不同寻常才有垄断性，才能有吸引游客的潜力。由于地域上的原因，一般的原始乡村旅游项目都有各自的特点。然而，非常令人不解的是，许多乡村旅游开发项目舍弃了地方特色，模仿杜撰一些品味不高、格调不雅、牵强附会的东西，舍本逐末，其效果自然也不会好，尤其是没有长久的生命力。

（五）市场性

旅游产品的开发要遵循市场性原则，即要考虑市场的需求，为游客提供休闲、娱乐、游赏等旅游功能，这就决定了它的客源目标市场只能定位于有别于乡村的城市，特别是高度商业化的大都市，因为乡村旅游对居住在具有城乡一体化的中小城市居民难以产生足够的吸引力。它的客源是那些生长在城市、对农村以及农村景观不太了解的城市居民（卢云亭，1995）。

三、乡村旅游的模式

按照乡村旅游投资、开发、经营的主体进行划分，可以将中国的乡村旅游发展分成8种类型，具体包括“农户+农户”“公司+农户”“社区+公司+农户”“政府+公司+农户”“政府+公司+农村旅游协会+旅行社”个体农庄、股份制和公司制等。

（一）“农户+农户”模式

“农户+农户”模式是指农户与农户之间的自由合作，一家农户带动另一家农户，共同参与乡村旅游的投资、规划、开发、经营与管理。

如城郊私人个体户利用个人的鱼塘和农田打造农家乐项目，满足游客垂钓、打牌和餐饮等需求。这种模式通常投资少、接待的人数也少，但乡村文化是最正宗的，游客可以用最少的成本体验到最真实的当地风俗文化。然而，由于管理水平和资金投入的影响，这种乡村旅游的带动作用通常是有限的。

（二）“公司 + 农户”模式

“公司 + 农户”模式是指以外商投资企业主导，当地农户参与，共同对乡村旅游资源进行开发、经营和管理。公司直接与农民合作，充分利用农民闲置的土地、剩余劳动力和丰富的农业活动，开发乡村旅游景点。同时，公司通过引入旅游管理模式，规范农户的接待与服务，杜绝农户间的不良竞争，避免损害游客的利益。

（三）“社区 + 公司 + 农户”模式

“社区 + 公司 + 农户”模式是指相关企业先与社区（村委会）联系，通过村委会将合作扩大至乡村居民，企业不与乡村居民直接联系、合作，但是参与乡村旅游的农村居民需接受企业的统一培训。农户需遵守企业制定的相关政策与管理规定，保证乡村旅游的接待质量和服务质量能满足游客需求，让游客达到满意的心理状态。

（四）“政府 + 公司 + 农户”模式

“政府 + 公司 + 农户”模式是指在政府参与指导下的“公司 + 农户”模式。在乡村旅游的发展过程中，政府和旅游相关部门首先进行总体规划，确定开发的地点、时间、主题及具体项目等内容，然后调动企业进行投资，动员乡村当地居民参与、协助。在乡村旅游开发的过程中，政府需进行指导和引导，保证乡村旅游朝着正确的方向发展。

（五）“政府 + 公司 + 乡村旅游协会 + 旅行社”模式

“政府 + 公司 + 乡村旅游协会 + 旅行社”模式的主要特征就是要求产业链中各个节点部门都参与到乡村旅游中来，各司其职，发挥自己的优势，保证乡村旅游顺利发展。在此模式中，政府负责乡村旅游总体的规划、设计、基础设施建设与配套；公司负责乡村旅游项目的投资、运营、管理、营销等工作；乡村旅游协会则负责动员乡村居民能够积极互助，提升其参与程度，争取让农村居民参与到各个环节中，例如餐饮、住宿、农副产品的销售、手工艺产品的制作，由此提升居民参与感；旅行社负责对旅游产品进行设计，打开旅游市场，开拓客源。通过合理分工，乡村旅游可以避免重复开发、过度商业化、脱离政府管理，能让当地居民参与到旅游建设中，增强村民的自豪感、荣誉感，为乡村旅游可持续发展奠定坚实基础。

（六）个体农庄模式

个体农庄模式是指在某些个体农户发展成规模以后，以“旅游个体户”的形式出现。通过对自己经营的农牧果场进行改造和旅游项目建设，使之成为一个完整意义的旅游景区，完成旅游接待和服务工作，是一种相对独立的乡村旅游模式。它将当前农村最缺乏的现代管理、科技、资金等引入土地，个体经营者对自己经营的农牧果场进行改造和旅游项目建设，能完成旅游接待和服务过程中的全部工作。个体农庄的发展吸纳附近大量闲散农户，在旅游景点通过手工艺制作、表演、服务、生产等形式加入到旅游服务中，形成以点带面的发展模式，带领周围农户一起参与乡村旅游的开发，走上共同致富的道路。个体农庄自主经营，投资少回报高，农户可获得大量利益，导致土地增值，解决就业压力。而且个体经营者能够更好地维护当地的基础设施建设和生态环境，从而改善投资环境。

（七）股份制模式

股份制模式是通过合作的形式合理开发旅游资源，按照各自的股份获得相应的收益。可以让国家、集体和个体农民进行合作，将旅游资源、劳力和技术转化为股权，收入按份额和工作量分配红利，从而开展股份制合作经营。通过资源、劳力、技术等形式开发乡村旅游，企业能够通过积累公积金扩大再生产，保护和恢复农村生态环境，并且还能建设和维护相应的旅游设备。这种模式有利于乡村旅游上规模、上档次。特别是通过股份形式，扩大了乡村集体和农民的经营份额，有利于实现农民参与的深层次转变，从而引导农民自觉参与他们赖以生存资源的保护中，促进乡村旅游得到健康的发展。

（八）公司制模式

公司制模式是指企业独立投资、开发、经营和管理，企业员工由其向社会招聘录用。这一发展模式进入快，起点高，经营科学，容易使乡村旅游开发迅速走上有序化发展的道路。广西兴安县开发的“乡里乐”和“忘忧谷”两个旅游点品牌响亮，主要是经营管理起点较高，一开始就实行公司制经营管理。如“忘忧谷”是由当地农民注册成立的“瑶苑旅游开发公司”经营管理的，而“乡里乐”则由3个农民集资注册成立的“乡里乐休闲山庄公司”开发经营。

公司制模式比较适合乡村旅游发展的初期阶段，随着农民的关注与参与，利益主体仍是公司制模式，难以适应未来乡村旅游的发展趋势。农民作为乡村旅游参与的主体，其积极性不容忽视。但采用公司制模式，农民很难从旅游收入中获得相应的收益，受益的仅仅是靠提升农产品附加值获得。

乡村旅游生财之源是公共资源，应是农民共同的资源。但在使用这种公共资源中最大受益者是旅游公司，农村居民不仅难以获得相应利益，而且还要承担旅游开发带来的各种负面影响。这种资源与利益的失衡，极易引起农民的不满。

四、乡村旅游的主要类型

（1）观光型乡村旅游。即参观一些特色农业生产景观与经营模式（包括传统的农业生产方式和现代的高科技农业等），或参观农村居民建筑，或了解当地风土人情及传统文化等。这种旅游活动需要的时间一般较短。农业观光型的乡村旅游类型指的是以乡村独有的景色与风土人情、当地文化作为吸引物，且与生态农业结合在一起的乡村旅游类型吸引游客，这种类型的旅游形式多样，是以龙头企业为经营主体，以农业生态文化和农村生活文化为核心，达到吸引游客来乡村观赏、品尝、购物、习作、体验、度假的一种新型农业与旅游业相结合的生产经营形态。观光型乡村旅游项目大多以开发农乡游、果乡游、花乡游、渔乡游、水乡游等不同的特色主题来满足城市居民追求回归自然、舒缓压力的消费需求。

（2）品尝型乡村旅游。即将农业生产场所、农产品消费场所和休闲旅游场所结合为一体。如有的旅游点让游客亲自到果园、瓜地采摘瓜果，尽情品尝；有的旅游点为游客提供垂钓服务，并就地加工，让游客品尝自己的劳动成果；有的旅游点为游客提供烧烤野炊场所；有的旅游点为游客提供特色风味菜肴等。

（3）休闲体验型乡村旅游，即由农民提供农地，兼顾农业生产与教育功能，通过实践学到一定的农业生产知识，体验农村生活，从中获得乐趣。为了缓解城市居民快节奏、高压力生活的紧张感，休闲度假旅游可以利用假日外出，使其精神和身体都可以得到放松。为了给游客提供一个良好的休闲环境，这种类型的乡村旅游往往依托美丽的自然风景、清新的空气、温泉、生态良好的绿色空间等资源，结合当地独特人文环境、地缘优势和便利的交通条件，兴建一些休闲、娱乐设施，为游客提供娱乐、餐饮于一体的优质休闲服务。如游客可参加各种农耕活动，学习农作物种植技术、动物饲养技术、农产品加工技术、农家特色烹饪技术及农业经营管理等。此外，“农村留学”也属于此类旅游形式，即为培养青少年坚韧、朴实、健康、有正义感的人格，许多城市居民把子女送到农村亲属家去寄宿，参与农场作业、农村社区活动等。

（4）文化型乡村旅游。文化型乡村旅游主要是以民俗风情和传统文化为主题，将旅游项目与当地特色文化相结合，赋予乡村旅游丰富的文化内涵，以满足高层次游客的需要，同时也可以提高乡村旅游的层次。它是以民俗历史、文化气息和乡村的青山绿水为主题，凸显农耕文化、乡土文化和民俗特色文化，融文化、民间技艺、民宿、节庆活动、乡土气息于一体，兼具观赏性、娱乐性和参与性的休闲度假旅游目的地。比如，花灯表演是四川省古蔺县开发的乡村旅游特色项目。古蔺花灯是从唐朝流传至今的一种歌舞表现形式，历史悠久，著名的代表作有《醉花灯》《灯闹永乐》等，颇受当地群众和游客喜爱。

（5）综合型乡村旅游。即通常所说的休闲农场。过去的旅游农业项目不少是在原来的果园、花园的基础上发展而来，而现在开发的旅游农业项目都朝着综合型、多功能性方向发展，不仅有生态、生产、生活功能，而且还具有销售、文化、娱乐、交流功能。游客不仅可观光、采果、体验农作、了解农民生活、享受乡土情趣，而且可住宿、度假、游乐。农场内提供的休闲活动内容一般有田园景观观赏、农业体验、童玩活动、自然生态讲解、垂钓、野味品尝等。

（6）景区配套型乡村旅游。这种类型的乡村旅游主要是依托著名景区进行规划、开发的，其主要的目标市场是景区游客。游客来到景区消费，对景区的自然资源、文化资源在进行了良好的体验之余，还在景区周边村庄里体验了田园风光和农家生活。中国最早的乡村旅游开发便是位于景区边缘地带，景区附近村庄居民依托旅游景区的客流量，发展特色农业、养殖业、种植业，以规模化接待为主，对土地进行成片开发，发展集旅游观光、学习教育、休闲养生为一体的乡村旅游模式。通过把中心景区景点的部分旅游功能分割出来，让农村居民更多地参与到乡村旅游与休闲农业的发展中，这样既可以转移农村剩余劳动力，同时也能进一步通过休闲农业、乡村旅游振兴乡村，提高农民经济收入和生活水平，进一步带动周边乡村的发展。

（7）历史遗迹型乡村旅游。这一类型的乡村旅游是指利用古代保留下来的村落、古建筑来吸引游客，在开发上以保护为主、因势利导。目前，古镇旅游线路比较受游客欢迎，文化底蕴较为深厚，古香古色古韵的特点吸引广大游客驻足。在中国乡村旅游中具有代表性的古村古镇群主要包括太湖流域的水乡古镇、皖南古村落、川黔渝交界古村镇、晋中南古村镇、粤中顾村镇等，类型涵盖了乡土民俗型、传统文化型、革命历史型、民族特色型、商贸交通型等，基本上反映了不同地域历史文化村镇的传统风貌。随着人们生活水平的提高，追根访古成为旅游新时尚。中国现存古村古镇的巨大价值得以通过市场继续体现，成为了推动经济社会全面发展的重要资源。

第三节　乡村旅游的国内外文献分析

一、国内外对乡村旅游概念的界定

（一）国外对乡村旅游概念的界定

在国外，乡村旅游的起源可以追溯到19世纪，距今已经有100多年的发展历史。欧洲、美洲等地很早就出现了以农庄度假和民俗节日活动为主题的旅游方式，意大利在19世纪中期成立的乡村旅游全国协会，告诉人们去体验农村生活的乐趣，不过更多人认为乡村旅游是在20世纪六七十年代的西班牙、法国等国家开始正式出现的。Marcjanna（1998）对乡村旅游进行了定义，认为乡村旅游要以乡村自然资源为基础，并且包括了自然、乡村和传统文化等多个特定要素。他认为，受制于乡村的规模，乡村旅游具备小规模这一特性。Blancas等学者（2011）认为，乡村旅游是到农村田野体验生活的一种新的旅游方式，人们通过去农村体验自然风光和风土人情，同时体验农民的生产和生活方式，满足自己回归大自然的需求，从而释放自身压力，对自己的身心都是一种放松。Silva（2015）在研究中进一步扩展了乡村旅游的范围和内涵，认为在乡村地区进行的农业旅游、文化旅游、自然生态旅游等旅游方式都应该归属于乡村旅游这一范畴。

（二）国内对乡村旅游概念的界定

较之国外乡村旅游的发展规模，国内乡村旅游业的发展和学术研究起步均较晚。直到1984年，珠海的白藤湖农民度假村正式开业是中国乡村旅游发展的重要标志；到1995年，中国关于乡村旅游的研究逐渐增多；2000年以后，国内学者开始聚焦乡村旅游的研究，且取得了较为丰硕的成果，对乡村旅游概念的界定也有了进一步的研究。在对乡村旅游研究的初期，多数的理论方向集中在乡村旅游的概念和意义层面。

在这期间，王兵（1999）认为，乡村旅游是以乡野农村的风光和活动为吸引物、以都市居民为目标市场、以满足游客娱乐、求知和回归自然等方面的需求为目的的一种旅游方式。杜江、尚萍（1999）认为，乡村旅游是以农业文化景观、农业生态环境、农事生产活动以及传统的民族习俗为资源，融观赏、考察、学习、参与、娱乐、购物、度假于一体的旅游活动。刘德谦（2006）认为，乡村旅游就是以乡村地域及农事相关的风土、风俗、风景组合而成的乡村风情吸引游客前往休息、观光、体验以及学习的旅游活动。国家旅游局（2009）认为，借助乡村独特的自然或人文资源为游客提供旅游观光、休闲度假、娱乐健身等服务的一种旅游活动。郭焕成、韩非（2010）认为，乡村旅游是以农业为基础、以旅游为目的、以服务为手段、以城市居民为目标，第一产业和第三产业相结合的新型产业。李晓鹤（2020）提出，乡村旅游和土地息息相关，乡村旅游涉及土地的永久居民是发展乡村旅游的一个必要条件。

以上学者，从乡村旅游的目的地、主要乡村旅游资源、乡村旅游的主要特色和目标，以及消费人群对乡村旅游进行了定义。其共性可以总结如下：①乡村旅游是指乡村景点依托本身各具特色的自然资源、传统风俗文化、古老建筑等因素来吸引游客前来游玩，让游客能够进行农村生活体验、购买当地特色产品、享受当地特色美食和体验精品民宿，以及其他娱乐项目的新型旅游方式；②乡村旅游主要依托当地自然资源和旅游景观，主要消费人群是城市居民。乡村性主要是指乡村具有地域辽阔、生产方式相对简单和人口数量少等特点；土地主要为农业和林业用地，方便游客直接参与农事生产活动；乡村建筑物各具特色，经济活动和经济形势相对简单，让人能得到放松并能体验当地传统习俗和文化。

二、乡村旅游转型升级的研究

实现乡村旅游提质增效、保证其健康可持续性发展的关键措施和方法就是实现乡村旅游的转型与升级。因此，乡村旅游转型升级的研究日益引起学者们的关注。

国外学者 Sharpley（2002）提出，转型升级的目的在于使乡村旅游的资源供给与游客需求相匹配，以求不断扩大乡村旅游的市场，而游客对乡村旅游最终极的需求就是体验乡村最本真生活和文化，这种乡村旅游的乡野性是我们可持续发展的宗旨。日本学者 Yasuoohe 和 Shinichi（2013）提出，针对日本国土资源的管理需实现可持续发展，只能通过推进乡村旅游发展来实现，同时要注重提高品牌知名度，创造出较高品质的农业产品。

中国学者也针对转型升级进行了较为系统和深入的研究。徐英福等（2010）对乡村旅游转型升级进行了较为全面的分析，从产品、产业、消费市场、专业合作组织、人才的培养和引进等方面来考虑，并针对这些问题提出了合理建议及解决途径，同时对乡村旅游业转型升级进行了较为深入研究，主要包括国家经济环境的改变、政府行为、产业自身发展阶段以及旅游需求改变等。李玉新等（2012）通过量性研究的分析，指出山东省的长岛、蓬莱、寿光 3 个地区之间的产业合作、整体上统筹协调城镇和乡村之间的发展，可以进一步提升乡村旅游的转型升级。刘孝蓉（2013）指出，要坚持农村各产业之间的融合发展，传统农业只有与乡村旅游结合起来才有发展前景，产业融合是实现乡村旅游转型升级的有效途径和发展方向。

三、乡村旅游发展策略的研究

Davies（2012）在研究中表明，乡村旅游一个明显的特点就是以乡村为基础，但是乡村旅游的发展类型和发展方向可以是多种多样的。Fong（2014）和 Simin（2014）指出，在发展乡村旅游的过程中一定要注意其可持续发展，能否进行可持续发展对于乡村旅游向更深层次发展的影响较大，而农村居民的参与程度、环境保护问题也会影响乡村旅游发展进程。他们同时提出，在政府政策支持、引导和统一规划下，乡村旅游的可持续发展会取得较为良好的效果，对当地的自然生态环境的保护也有事半功倍的作用。Samuel 等学者（2014）认为，乡村旅游要想取得好的发展效果，必须开发有特色的旅游产品，这样才能有吸引力。他们指出，乡村旅游在策略研究上应该重视自然资源的开发和保护、传统文化内涵的深度挖掘，而且应该加强基础设施的建设，这样在与其他景点的竞争中才具备竞争力。

中国部分学者对乡村旅游的发展特点和现状进行了系统性研究，提出了整体营销、地点营销和体验营销 3 种营销策略。熊元彬等（2001）分析了现阶段乡村旅游的主要特性并对其发展趋势进行了推测，对 6 种类型的乡村旅游进行了研究，并根据其自身不同的特点给出在市场开发、营销方面的意见和建议。张红英（2016）通过研究分析，提出了在乡村旅游发展过程中出现了发展规模小、功能性比较单一、发展层次低等问题的建议，需要制定合理的发展策略，加深旅游与娱乐之间的深度融合，释放出乡村旅游的更多功能，加强产品开发和品牌构建使其具有更深远的影响力和传播效果，为中国乡村旅游健康发展提供借鉴。

四、品牌与社区参与研究

游客在进行购买决策以前，会收集旅游目的地相关信息对其进行比较，经过评估后会选择最具吸引力的目的地。其中在评估阶段中，旅游目的地的形象会对游客的最终决策产生较大影响，因此，品牌化发展战略是为旅游目的地树立良好形象的重要手段。Cai（2002）通过对部分美国的乡村地区旅游业发展的现状、问题及成果的研究，提出乡村旅游在其发展过程中要树立品牌意识，注重品牌的发展。Cai 还认为，相邻或相近的景点之间的联合发展更有利于提高乡村旅游目的地的品牌吸引力。Fun（2014）以 Sarawak 地区作为分析对象对其乡村旅游进行了研究，发现当地社区居民对乡村旅游的态度也会影响乡村旅游的发展进程和发展结果。

何嫘（2013）、翁栋（2013）提出，要进一步优化和改良旅游产品，让产品具有特色和代表性，不断提高管理和服务质量，打造具有特色的旅游产品，畅通监督渠道，梳理乡村旅游品牌，促进乡村旅游发展。王银爱（2010）、李湘云（2015）认为，随着人们生活水平的不断提高，对旅游服务的要求也处在不断变化的动态过程中，因此乡村旅游服务也要随之提高；要不断完善和充实乡村旅游产品的种类，做到与时俱进，充分满足人们的消费需求。

通过以上研究可以发现，国外对乡村旅游理论体系的研究开始时间较早、较为成熟，主要集中在乡村旅游的概念界定、品牌完善、发展模式与策略等方面，并形成了一定的理论体系。国内关于乡村旅游的研究虽然起步较晚，但研究更加细化、深入，尤其在于解决“三农问题”和乡村振兴战略中占有重要地位，因此受到政府和相关部门的大力支持，乡村旅游得到迅速发展。在此背景下，乡村旅游的相关研究得到了不断的充实和完善。从研究内容上，主要有发展模式、规划与开发、实证案例、市场营销等内容，基于乡村振兴、全域旅游、产业融合等角度对乡村旅游的转型升级进行了创新性研究。在研究范围上，既有针对东南沿海发达地区的研究，也有针对欠发达县域地区乡村旅游的研究。总之，目前中国旅游产业处在转型升级的探索过程中，对乡村旅游的研究也处在不断地探讨与深入研究中。

第四节　中国乡村旅游发展现状及问题分析

一、乡村旅游发展的现状

（一）发展特点

中国的乡村旅游起源于20世纪80年代，经过30多年的发展，乡村旅游已经取得了较好的发展，并成为支撑中国旅游产业发展的一支中坚力量。据农业农村部统计，2018年，中国休闲与乡村旅游已经达到30亿人次，休闲与乡村旅游收入超过8000亿元；仅2019年上半年乡村旅游达到15亿人次，旅游收入超过8600亿元。目前，中国乡村旅游具有总体规模大、单体规模小、种类繁多的特点。据不完全统计，截至2000年中国国家旅游局在全国20多个省（自治区、直辖市）推出了乡村旅游“国线”。据调查，中国已有至少1万个村，约300万人口通过发展乡村旅游走上了脱贫致富的道路。乡村旅游已经涵盖了中国广大农村地区，覆盖了农、林、牧、副、渔及种植业、养殖业、加工业。由于目前中国乡村旅游尚处于成长期阶段，乡村旅游点虽多，却大多分布较散、规模小、投资少，真正上档次的具有一定规模的屈指可数，缺乏较强的市场竞争力。同时，中国地域辽阔，各地风俗民情各具特色，从而使中国乡村旅游的内容丰富多彩，再加上市场的多元化需求，对旅游资源的多样化开发利用，使中国的乡村旅游形式种类繁多。

中国乡村旅游主要以观光度假为主。目前中国的乡村旅游吸引人的主要是乡村空气好的环境、秀丽的景色、淳朴的民风和较为缓慢的生活节奏。乡村旅游是城市居民体验乡村劳作、了解风土民俗、领略田园风光和回归自然的最佳方式。中国的乡村旅游地大多数是以观光为主，参加乡村旅游的国内游客，绝大多数是为换个环境来度假。因此，主要是去那些靠近城市的农村旅游，出游的时间也都比较短（一般是利用双休日或者其他假期1~2天的时间）。

注重乡村旅游的内容和文化内涵。乡村旅游内容要广泛且富有特色。在国内客源市场上，许多游客对农业生产活动很感兴趣，“住农家屋、吃农家饭、干农家活、享农家乐”和采摘各种农产品的旅游很受欢迎。除了以在农田里耕种、采集等方式让游客来体验农村生活的乐趣外，传统的制作工艺也可以作为一种强有力的吸引物加以发扬。比如天津杨柳青年画、贵州蜡染、南通扎染、潍坊风筝、手工造纸，以及各种刺绣、泥人，甚至是食品加工，都可以成为乡村旅游的文化依托。提高乡村旅游层次的另一个吸引物就是乡村保留下来的珍贵的传统文化、风俗和完好的古代建筑。巍峨气派的乡村宗祠祠堂、高大挺拔的镇村古塔、村边的土地庙等，是乡村在历史发展中的一面镜子，折射出农村居民生活。

（二）乡村旅游的发展模式

中国乡村旅游的种类很多，但总体上来说有以下三种开发模式，即农家乐模式、地域风情文化模式和旅游农业开发模式。农家乐模式是一种参与性较强的旅游活动，主要是参与农村耕作劳动，欣赏田园风光，品尝农家风味，从而享受休闲旅游的乐趣；地域风情文化模式是将当地原生态的自然山水、人文生态景观、历史文化特色与当地的民俗风情融合，形成特色鲜明、文化与生态色彩浓郁的乡村旅游地区；旅游农业开发模式是以现代农业为特色、农村聚落景观等为特点，或者是向游客展示现代农业科技成果、普及农业科技知识，或者把观光旅游与农业结合在一起提供给游客，包括观光农园、特色果园、菜园、茶园、苗圃等，或者利用农业生态资源向游客提供回归自然体验的旅游项目。

（三）主要分布地区

尽管中国地域辽阔，但开展乡村旅游的地区主要是以下三种：①景区边缘地区。这里有现成的旅游资源与客源，且与景区相邻交通方便。②都市郊区。都市居民是这类地区的庞大而稳定的客源市场。③老、少、边、贫地区。这些地区有国家旅游扶贫政策的指引，由于其相对闭塞而保留了近乎原始的自然风光、传统文化和淳厚古朴的民宿习惯。

二、乡村旅游发展的问题

（一）缺乏统筹规划，发展思路不清晰

在发展乡村旅游的过程中，社会各界对乡村旅游的内涵、特点、性质等基础知识了解得不够全面；一些地方政府对当地乡村旅游资源优势把握不准，对乡村旅游重视程度不够，主导意识不强，未能形成系统的乡村旅游发展观念。因此，在乡村旅游发展中出现了一些问题，表现为陈旧落后，一些地方政府角色不到位，未能完全站在新农村建设的高度将乡村旅游作为有效解决“三农”问题的途径，实现城乡协调发展。

旅游资源分散，缺乏有效整合。目前，在全域旅游的大背景下，乡

村旅游景点必须是成片的发展，或者是连线的发展，或者是既连线又成片。但许多乡村旅游的分布七零八落，比较散乱，既不成片，也不连线。有些乡村旅游的发展地域跨度太大，无法连接，存在“旅长游短看点散”的缺点。即便是同在某一乡镇的旅游点也是点状分布，彼此孤立，无法串联，景点之间各自为政，单打独斗，导致活力不足，旅游资源缺乏有效整合，未形成区域性旅游合力。政府在发展乡村旅游时缺乏统筹规划，难以形成项目集中、要素聚集、经营集约的全域性大景区，这在很大程度上制约了旅游资源的整合开发和综合利用，难以形成聚合效应。

（二）开发模式单一，引客难留客更难

很多地区的乡村旅游开发还处于低端环节，停留在浅层次上，产品多为传统的参观式、展览式、接待式。旅游开发利用一般限于农田、果园、鱼塘、林地等类型，过分地依赖农业自然资源。旅游产品仅有采摘、垂钓、赏花等乡村旅游的常见项目。“一间屋一亩田一个塘，就成了一个农庄。”不少乡村旅游开发的农家乐项目，游客来到旅游点，只有品尝农家菜、钓鱼、打牌等休闲娱乐活动，难以吸引游客。而农业体验类项目，比如采摘园、农业观光园等推出的都是简单的果蔬采摘活动，互动性低，缺乏深度体验。规模小、产品单一、同质化现象严重，除去农业观光、农家乐餐饮和农事体验外，缺乏进一步激发游客消费欲望的产品。

旅游要素不健全，协调发展不够，未形成观光、休闲、食宿、购物、娱乐一条龙的服务产业链。目前，乡村旅游的客源地基本上是以邻近市区和周边县区为主，出行方式多为周末、节假日短途观光游，难以成为受游客追捧的热门旅游目的地，加之乡村旅游周边的商业服务设施欠缺，景区黏性不够，游客停留时间短，旅游消费能力偏弱。在餐饮方面，高星级饭店较少，普通饭店规模也有待扩大，服务水平有待提升。在住宿方面，外地旅游团对住宿要求较高，一般要求三星级以上的标准，但乡村旅游各景点能达到这一标准的房源太少，服务质量也不高。

缺少高档购物场所，旅游商品缺少特色，难以形成二次消费。

（三）特色旅游产品产业链短，个性化不突出

大多数乡村旅游开发，缺少对农产品的深加工环节，农户主要靠销售鲜果为生（散销为主），而后续产业并未跟上，导致产业链短，给乡村旅游发展带来一定局限。从购物的角度来看，购买乡村特色产品是乡村旅游活动的主要内容之一。虽然中国乡村旅游有农家乐、地域风情文化和旅游农业三大类，但是在各类开发模式中旅游产品单一，落入老套，现阶段乡村旅游活动主要还停留在观光、采摘、垂钓等常规项目上，产品单一雷同，各地的乡村旅游产品和服务同质化趋势非常严重，缺乏精品和亮点。很多经营者都是一哄而上进行开发，缺乏市场调查，也缺乏对自身资源的评价，往往使游客大感失望，导致游客重游率低。

一些“农家乐”“民俗游”“村寨游”等活动内容趋同，缺乏体验、休闲，缺乏文化内涵，地域特色不突出，难以满足游客深层次需求，造成游客逗留时间短，消费支出收抑制，甚至一些少数民族聚集的乡村旅游目的地，其历史源远流长，即便是有自己独特的艺术、文化，但是在发展乡村旅游过程中却忽视了民族文化的特点，没有将旅游产品与民族特色紧密结合起来，造成“千村一面”“似曾相识”的状况。

（四）品牌吸引力不足，宣传有待加强

现代旅游竞争的实质是品牌竞争，只有通过具有竞争力的品牌才能获得认同。品牌就是吸引力。宣传的重要性是众所周知的，任何产品不管有着多么大的吸引力，若不被人所知则不可能创造好的经济效益与社会效益。旅游三分靠造景，七分靠造势。尤其在提出全域旅游概念后，可以通过整合全域范围渠道，对旅游目的地进行系统性、全面性地推广，进行综合性、整体化的宣传。但目前看来，绝大多数的乡村旅游宣传手段比较单一，大部分依靠传统方式，例如旅游宣传单、广告、朋友介绍等，宣传力度不到位，方式不灵活，营销意识缺乏，没有主动性。现在是信息化时代，传统的宣传方式并不是有效、精准的手段，不能将信息传递到旅游消费市场。

（五）旅游服务设施落后，公共服务亟待完善

由于缺乏规划，许多乡村旅游景点没有相关配套的设施、设备。我国开展乡村旅游的地区大多是经济水平较为落后地区和城郊地区，许多旅游基础设施不能满足旅游活动的需要，如道路、停车场、公共厕所、电话亭、餐饮，以及住宿等都是不完备的。其中，以旅游接待设施和乡村旅游目的地的可进入性与旅游活动开展的矛盾较为突出。接待设施中最突出的问题是卫生状况，乡村旅游地往往由于卫生条件无法满足游客需求而留不住游客，影响了游客在乡村旅游目的地逗留的时间。

可进入性差表现为许多城镇道路狭窄，路面崎岖不平，车流容量不够，通行能力脆弱。乘车工具类型少，尤其是公共交通可供选择种类少，且交通花费时间较长。尤其一些乡村旅游景点较为分散，这会是影响游客满意度的一大因素。有些乡镇、村公路为断头路，连通性差，且停车场建设不足，设置不合理，“行车难、停车难”问题长期得不到有效缓解，难以满足自驾车旅游需求。旅游交通目的地自助游系统尚未建立，需加快旅游集散、智慧交通、租车服务等配套设施建设。

洗手间数量不足，配套尚未齐全，与干净整洁的标准有一段距离。游览图标识不全，未形成统一、能体现与文化内涵的标志系统；智慧平台建设不到位，不利于游客进行在线信息查询、自助导览、智慧解说等服务，不利于提高消费者的旅游体验，限制了乡村旅游的开展。

（六）不能充分挖掘产品，产业链条不够完整

从多数开展乡村旅游的地区来看，主要以观光旅游产品为主，总体品质不高，没有形成拳头产品。旅游景点主要由当地农民或中小型投资者自发建设，经营者品牌意识弱，缺乏市场调研，以获取高效的经济回报为目的，缺少可持续发展观念，不能从长远利益出发进行开发。乡村旅游的进入门槛相对较低，经营者大多集中开发较低层次的休闲农业和观光农业等旅游产品，而文化康养度假型产品及体验型产品亟待丰富，旅游与其他产业融合发展有待提升。乡村旅游产品在创意、内涵、品牌吸引力上尚显不足，缺乏深度体验产品，产品结构仍待调整。缺乏对游

客需求变化的洞察力，没有及时推出个性化产品，以满足不同年龄结构、收入结构、文化结构的游客对特殊性、趣味性产品的追求。

中国乡村旅游能产生区域影响力的知名旅游产品较少，产品创新不够，产品产业链短，综合效益尚未体现。乡村旅游景点的开发没有深入挖掘本地特色，开发深度不足，品牌知名度较弱，呈现出“不温不火”的尴尬局面。有些旅游资源被重复开发、过度开发，而一些很有潜力的旅游资源却被忽视，未能开发。乡村旅游核心资源被迅速耗损，地方特色资源未能充分挖掘。

乡村旅游产品同质化竞争压力导致旅游吸引物单一，导致乡村旅游游客停留时间短的问题。旅游产品结构性失调，有效供给不足，不能够延长游客停留时间。增加娱乐消费的“点”不多。旅游购物占旅游花费的比重小，旅游产业对其他产业的带动效应还没有充分显现。旅游产业与其他产业的融合度还不深，领域之间缺乏深入的交流和沟通。产品链单一、零散，无法延伸，不能形成质量与规模优势，“吃、住、行、游、购、娱”六要素不齐全。

（七）相关从业人员素质低，缺乏专业管理人才

乡村旅游的高素质管理人才和服务人员的缺乏是一个不容忽视的问题。在实际的乡村旅游管理及服务的操作中，很多都是各村的村民，采取的是家族式管理模式，任人唯亲。由于我国农村的长期相对闭塞，留在村中的居民文化水平不高、服务意识淡薄，而且开发乡村旅游的经营管理者对从业人员也没有进行系统有效的培训，导致游客在餐饮、娱乐、住宿方面的体验感欠佳，甚至出现了一些造假、抢客、强买强卖等恶劣行为，这些都与旅游接待服务的要求存在较大反差。

除此之外，由于现阶段对乡村旅游的研究探索较少，缺乏高素质的专业乡村旅游管理人才，且乡村旅游的有关法律体系依旧不完善，部分旅游管理机构履行职责的力度有待加强。

另外，经营主体的服务管理是影响乡村旅游经济发展的重要因素之一。就乡村旅游经济发展的过程来看，商户要面对的是实现自己商品的

价值，服务质量和服务态度则影响着商品价值的实现。对于餐饮来说，就餐的环境卫生是体现其服务水平的硬性标准之一，而餐饮的种类确实体现在经营主体管理水平上。近年来，不少景区服务态度差，加上舆论引导，很多著名景区一夜之间臭名昭著。由此可见，经营主体对服务的管理有重要作用，可以使游客产生良好的第一印象，促使游客进行消费。

（八）缺乏生态保护意识，负面影响日益加重

一个好的生态环境是大自然给予劳动人民的恩赐，乡村旅游的发展是以良好生态环境为基础进行的。但目前有很多地区在发展乡村旅游的过程中以追求经济利益为首位，对乡村的生态资源进行过度开发，其程度超过了生态系统的自动调节能力。乡村旅游接待游客数量超过当地的游客容纳量，加之游客与乡村居民的频繁交流→文化影响→人文环境特色降低，使乡村旅游生态环境质量下降，人文环境特色减弱。乡村旅游的游客除了促进当地经济发展以外，还带来了生活垃圾、交通工具的排放尾气等，造成当地大气和水资源品质下降；开发建设中的垃圾及由于缺乏系统规划的乱建，使乡村原有的田园气息遭到一定程度的破坏；游客踩踏、攀折等不文明行为也对当地的植被造成一定的破坏。

旅游活动的开展不仅对当地自然环境有影响，而且现代都市文化也对当地传统文化造成了冲击。由于频繁向游客展示当地特色文化，而变得舞台化，失去了其独特的生命力。城市文明相对于乡村文明来说属于强势文化，对乡村文化的冲击和影响较大。处于弱势地位的乡村传统文化会向其靠拢，并逐渐被同化，从而使当地人文环境特色弱化甚至恶化。

第六章　研究设计及分析结果

第一节　研究模型及研究假设

一、研究模型

本章旨在分析社会资本对地区旅游开发成果的影响，验证社会资本对旅游开发成果的影响是否随着社区的文化倾向不同而出现差异。为了达到本章预先设定的目的，基于社会资本理论、旅游开发成果、文化倾向等相关研究分析结果，开发了本章的研究模型（见图6－1）

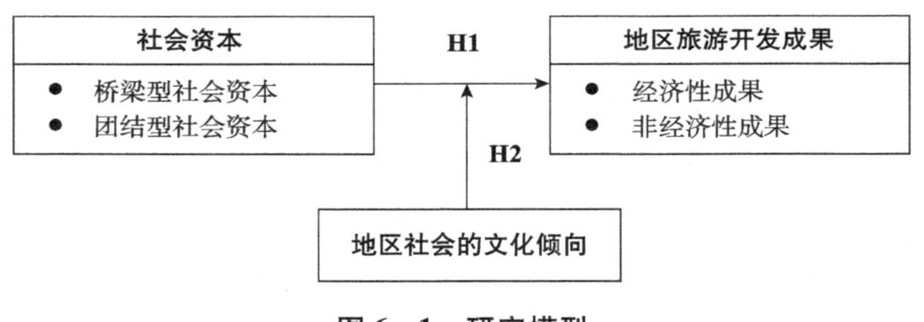

图6－1　研究模型

二、研究假设

通过对现有研究的分析，社会资本对区域发展的经济性成果及非经济性成果均产生积极推动作用（Olson，1982；Uzzi，1996；Newton，1999；Peng & Luo，2000；Acquaah，2007；金景植、崔胜宝、李铉哲，2009；郭贤根，2007），旅游研究领域也确认了社会资本对社区旅游开发成果产生积极影响（尹珠、崔承淡，2013）。但是，Pautnam（2002）主张社会资本可分为两种不同类型，即桥梁型社会资本与团结型社会资本。通过对现有研究的考察可知，其特征与功能不同（李炫宇、李志浩、韩英斌，2009；崔炳勋、赵贤锡，2010；郑南浩、宋孝根，2014），因此，本章以此为基础，对社会资本进行分类后进行评价，假设1如下：

[假设1] 社会资本对地区旅游开发成果产生积极影响

[假设1－1] 团结型社会资本对地区旅游开发成果具有积极作用。

[假设1－2] 桥梁型社会资本对地区旅游开发成果具有积极作用。

此外，社区文化取向存在差异（赵治勋，1996；申贤旭，2008；李润锡，2013），中国汉族和少数民族社区的个人主义倾向、集体主义倾向及不确定性回避倾向有所差异（阿布克里木，2006；鲜凌凯，2012，李勇，2013；朱爱武，2014）。因此，本章以霍夫斯泰德的文化维度理论为基础，研究了汉族和少数民族社会的个人主义倾向、集体主义倾向及不确定性回避倾向的差异性。

通过对社会资本的比较研究发现，国家间、地区间，甚至居住地类型不同都会导致社会资本的差别（林蕙兰，2007；韩尚日，2008；许松奎等，2009；金江浩，2010；文昌勇等，2015）。在现有的这些研究中，虽然对国家间、地区间社会资本的积累与其效果进行了对比研究，但如前所述，并没有对其进行实证分析。另外，在这些研究中，虽然认为不同地区社会资本的差异性是由其文化差异带来的，但也没有进行系统的分析。因此，基于以上局限性，本章以乡村旅游地区为研究对象，用其社会资本对旅游开发成果的影响进行实证分析，探讨社会资本的效果是否存在差异，及这种差异是否由文化倾向的不同带来的。由此，导出了本章的假设2：

[假设2] 地区的社会资本对旅游开发成果的影响随着文化倾向的不同而产生差异

[假设2－1] 地区桥梁型社会资本对旅游开发经济性成果的影响会随着文化倾向的不同而产生差异。

[假设2－2] 地区团结型社会资本对旅游开发经济性成果的影响会

随着文化倾向的不同而产生差异。

［假设2-3］地区桥梁型社会资本对旅游开发非经济性成果的影响会随着文化倾向的不同而产生差异。

［假设2-4］地区团结型社会资本对旅游开发非经济性成果的影响会随着文化倾向的不同而产生差异。

第二节　问卷设计

一、社会资本

虽然社会资本的定义根据研究者的研究方法与目的的不同会出现一些差异，但是大体上，是以信任、参与、网络等内容为核心要素，各要素为了社会成员的相互利益，在促进协调合作等各方面都具有紧密联系性（Fukuyama，2001；朴惠奉，2005）。

本章将社会资本分为桥梁型社会资本与团结型社会资本，并进行实证分析。桥梁型社会资本（Bridging Social Capital）是通过人们之间形成的一个微弱的网络连接，较为容易、快速地接触和收集外部资本或信息，是一种以外向的、广范围的视角、广阔的人际关系、范围较广的互惠等内容（Putnam，2000）。团结型社会资本（Bonding Social Capital）虽然在共同体内部（in-group）具有团结力，但是在共同体外部（out-group）具有排他性的特性，在提供情感支持、稀缺贵重资源的提供方面有所局限（Putnam，2000）。本章将社会资本划分为两类进行分析，即团结型社会资本与桥梁型社会资本，并根据现有文献（Williams，2006；金熙曹，2009；李时乃、李景烈，2013；李熙静，2013）导出相关问项20个（见表6-1）。

表6－1　社会资本的相关问项

变量名称		问　项	出　处
社会资本	团结型社会资本	解决问题时有可以信赖的人 做重大决策时有提供建议的人 做重要事情时有可以信任的人 有可以谈论私事的人 孤单时有可以聊天的人 急需钱时能够借到 有人给推荐工作 有人对我倾囊相助 受到不公待遇时有人为我打抱不平 有人为我扬名	Williams（2006）， 金熙曹（2009）； 李时乃、李景烈（2013）； 李熙静（2013）
	桥梁型社会资本	关心社区之外的事情 尝试新事物 对世界其他地区有好奇心 对不同想法的人有好奇心 喜欢接触新朋友 通过和别人的交流，我能找到可以对话的人 感到自己是更广范围的共同体的一员 认为所有的人都是连接在一起的 将整体状况联系在一起进行考虑 愿意花时间参与团体活动	

资料来源：根据现有研究分析整理。

二、地区旅游开发的成果

本章的从属变量为地区社会旅游开发成果，包括经济性成果与非经济性成果。经济性成果可以说是社区推进的旅游开发事业，表现为游客数、旅游收入等。本章在对非经济性成果变量进行实证分析时，采用了现有研究中的“当地居民认知的经济成果”进行了评价和测定。非经济性成果主要包括旅游开发引起的交通、生活、便利、教育、安全、地方行政服务、社区整合等范围的内容（见表6－2）。

表 6－2　旅游开发成果的评价指标

变　量	构成要素	评价指标	出　处
地区旅游开发成果	经济性成果	经济成果满足度（游客数量、旅游收入等）	宋美灵、成主仁（2005）；韩国国会预算政策所（2006）；卢勇浩、赵光溢等（2006）；金南朝、文胜旻（2007）；农林水产食品部（2009）
	非经济性成果	非经济成果满意度（地区形象改善、地区便利性增加、地区自信心增强等）	

资料来源：根据现有研究分析整理。

三、区域社会的文化倾向

本章将霍夫斯泰德文化维度理论 5 个构成要素中的 3 个作为调节变量。

个人主义倾向（Individualism）比起人际关系来，更注重业务，对工作时间与个人时间有明确的区分。在个人主义文化群体中，每个人的独创性具有最高的价值，强调个人的独立性、兴趣、主体性。另外，这一类群体认为通过业务和竞争来实现个人的幸福、自我实现、能力发挥是最有效的途径。

集体主义倾向（Collectivism）优先考虑人际关系，把集团利益放在个人利益之上。在集体主义文化中存在着把集团的归属感想看得很有价值，甘愿承担自己的个人利益受损的风险，有追求集团福利的倾向。

不确定性回避倾向（Uncertainty Avoidance）对社会或组织的不确定性或模糊的状况感到恐惧，利用制订的正式规则，对个人的不合理行为进行强烈制裁。通过绝对真理或专业性知识等来强调和保证稳定性，以降低不确定性带来的恐惧程度。

根据 Hofstede（1980）、H. C. Triandis 等（1998）及 Jung（2004）的研究，导出 21 个相关问项（见表 6－3）。

表 6－3　文化倾向的相关问项

<table>
<tr><th>变量名称</th><th>问　项</th><th>出　处</th></tr>
<tr><td>个人主义倾向</td><td>更加依靠自己
大部分时间都用在自己身上，不会用在别人身上
我只做自己的事情
独立性很重要
认为自己的事比别人的事重要
认为赢很重要
认为与人之间的竞争是很自然的
同事做得好时会感到紧张</td><td rowspan="2">H. C. Triandis & M. J. Gelfand（1998）</td></tr>
<tr><td>集体主义倾向</td><td>同事获奖我会很自豪
希望同事发展得好
喜欢与别人一起度过时间
与他人合作
认为应与家人一起度过时间
为了家庭可以牺牲个人利益
不管为家族牺牲多少，都应家庭和谐
尊重公司决定非常重要</td></tr>
<tr><td>不确定性回避倾向</td><td>对于无法预测的结果会感到紧张
不能因为现实事情而破坏规则
如果不能预测结果，很容易感到紧张
喜欢系统化的状况和环境
不喜欢模棱两可、模糊的状况</td><td>Hofstede（1980）；Jung（2004）</td></tr>
</table>

资料来源：根据现有研究分析整理。

第三节　样本选择与数据收集

一、全国乡村旅游示范点推进现状

中国的乡村旅游事业主要在乡村进行，以农民为主体和以乡村独特的自然资源、景观、生产、民俗风俗等来吸引游客，满足游客旅游、休闲、度假、体验、康养、娱乐、购物等需求。为了实现中国农村的经济成长、产业结构的转型、创造就业岗位、摆脱贫困的目标，应将旅游产业的效果最大化。因此，2015 年，开始实行“中国乡村旅游示范村”项目，中国乡村旅游示范村需要符合一系列标准。标准规定，中国乡村旅游示范村应当是一些已经展开农村旅游活动、为游客提供住宿设施、饮食设施、旅游设施、购物设施、娱乐设施及为乡村旅游业提供服务的管理机构；且在中国具有相对较高的知名度及影响力的行政村，村庄具有一定的规模。符合条件的乡村申请“乡村旅游示范点”时应向当地旅游局（现改为文旅局）递交材料，通过审查后，推荐给中国文化和旅游部，进行进一步审查、选拔。

在评价中国乡村旅游示范点时，从 8 个方面进行了评价（见表6－4）。

表6－4　中国乡村旅游示范村的评价标准

评价内容	相关标准
经营收益	1 年游客数在 10 万人次以上；当地居民参与旅游相关的项目不少于 50 户，且不低于乡村全体人口的 30%
经营管理规范	自愿参加合作经营组织；长期稳定、合理的利益分配机制；统一的服务质量标准；有基本的零售、销售系统；具备产品开发、营销战略；具备服务质量监督、市场秩序维持等专业人才；具备讲解人员或导游
特色产品	由于具备乡村资源的观赏、休闲、度假等价值，因此可以开发多元化乡村旅游项目；旅游产品能很好反映当地居民的生产、生活特性与文化特色及民俗特性，以满足游客的体验需求
环　境	清洁、环境优美；有垃圾处理设施；环境保护制度和相关专业人才的具备；统一的垃圾、污水处理场地；乡镇的建筑和旅游设施与自然环境的协调等
基础设施	交通设施、展示板、停车场、食堂、厨房、洗手间的配备与清洁
旅游服务	流通体系；信息情报设施；安全便利的购物、邮寄设施；提供相关信息；在线咨询、预约等服务的提供
安　全	消防、投诉、医疗等公共基础设施齐全；住宿实名制；食品安全设施；环境安全设施；急救制度和规则
影　响	通过旅游开发为当地带来经济、社会、文化、环境等方面的正面影响

资料来源：《中国乡村旅游示范村评价规范》（2013）。

规模和收益、环境和资源保护、旅游交通和标志牌、资源和商品、设施和服务、计划及管理、旅游营销策略、旅游安全、游客满意度和居民支持度。除此之外，还包括其他项目（Evaluation Criteria for Prototype - Village of Rural Tourism，2013）。截至 2015 年 8 月，共评选了 1057 个“中国乡村旅游示范村”；截至 2020 年，国家设定了 6000 个以上的名额和游客超过 20 亿人次的目标。

中国乡村旅游示范村的监督机关是地方旅游局，评选为中国乡村旅游示范村后，每年至少一次进行检查，每三年进行一次复审。对于不能通过复审的行政村，通过警告、整改、通报批评、取消称号等方式对其进行处罚，且被取消称号的行政村，一年之内没有申请中国乡村旅游示范村的资格。

二、调查对象的概况

山东省是中国乡村旅游开发的领头地区，总投资规模在中国也是名列前茅。以 2011 年为准，山东省乡村旅游游客总数为 1.6 亿人次，总收入为 706 亿元，占农业总收入的 20%。目前，山东省实行乡村旅游开发的行政村有 2500 多个，相关旅游项目有 4.7 万个，旅游事业从事人员达到 19.6 万名，间接从事乡村旅游相关岗位的有 150 万名。2012 年，山东省乡村游客上升到 1.9 亿人次，总收入上升到 920 亿元。

山东省指定的“中国旅游示范村”达到了 61 个。位于山东省泰安市的肥城市刘台村正在推进乡村旅游相关事业，总投资达到 10 亿元，总面积 2 万亩，其中，桃树林面积达到 1.2 万亩、树林面积占 0.8 万亩，是国家级 2A 景区，被指定为乡村旅游示范村。该行政村投资 7000 万元进行乡村旅游开发，绿化山地 0.4 万亩，并对景区周围环境进行了大规模整顿。开发出民俗馆、抗日战争地下道、桃林岛等 20 余个旅游景点，且建立了游客中心、大型停车场、农家乐等基础服务设施。每年 4 月举办桃花节，10 月举办肥桃节，每年吸引大概 30 万人次的游客。

位于新疆维吾尔族自治区的喀什，是维吾尔族聚集的地区。该地区维吾尔族人口约 386.98 万人，汉族人口约 29.42 万人，喀什市拥有非物质文化遗产、民俗旅游资源和丰富的自然资源。喀什政府从 2014 年开始，制定旅游开发的相关政策，促进乡村旅游开发。截至 2011 年，共有 80 个渔家乐、牧家乐，33 个农家乐，324 个民俗体验家庭。2014 年，近一年游客数达到 358.86 万人次，其中，国内游客 355.5 万人次、海外游客 3.36 万人次，旅游总收入达到 4.223 亿美元（买买提依名·马木提，黄燕，2015）。通过乡村旅游开发，为喀什市的乡村地区经济、社会文化与环境发展起到了良好的推动作用。

三、材料收集及问卷调查

（一）预备调查

本章的研究目的：①分析地区社会资本对旅游开发成果的影响；②具有分析不同民族的文化倾向是否在社会资本与社区旅游开发成果之间调节作用。因此，在正式做问卷调查之前首先进行预备调查，以此来纠正问卷调查存在的问题。

为了对各个变量进行实证分析，在问卷调查之前，选取了 H 大学首尔校区的研究生硕士、博士、教授等 11 人进行了探讨，对社会资本、社区旅游开发成果、文化倾向（个人主义倾向、集体主义倾向及不确定性回避倾向）的相关问卷内容进行完善。探讨结果显示，问卷中使用的单词或句子难以理解或句子太长，基于以上问题，对问卷进行了修正。

（二）材料收集

本调查经过预备调查阶段，正式问卷调查于 2016 年 4 月 23 日到 5 月 23 日之间进行。调查是为了收集关于社会资本、旅游开发成果、社区文化倾向的一手数据，问卷调查是针对旅游开发所在地的当地居民进行的。

调查问卷分为汉语和维吾尔族语言两种，对刘台村、芒辛乡 9 村、园艺村等当地居民开展了线下实地调查。共计投放了 418 份问卷，其中，汉族地区 257 份，有效问卷 207（49.5%）份；维吾尔族地区问卷回收了 211 份（50.5%）的有效问卷。标本的选取考虑到代表性和有效

性，采用了随机比例抽样法。去除了 20 岁以下及 60 岁以上的不适合做问卷调查的居民，最大限度地提取了符合村子人口结构特点的样本。

（三）分析方法

对于收集到的一手数据，使用 SPSS18.0 进行了分析。通过使用频度分析、因子分析、相关分析、回归分析、T－test、分散分析等方法，研究了问卷调查对象的特性，并验证了假设。

具体分析步骤如下：①通过问卷调查，将收集到的标本进行人口统计学分析，在此阶段使用频率分析；②为了验证各个变量的可靠性与妥当性，进行了可靠性分析与探讨性因子分析；③为了验证假设 1 进行了回归分析；④为了确认社区文化倾向具有差异性，进行了 T－test 验证；⑤通过二元分散分析对假设 2 进行了验证。

第四节　分析结果

一、样本的人口统计学特征

本章的目的是分析社会资本对旅游开发成果的影响，以及地区文化差异在影响中的作用。为此，通过结构化的问卷调查，以调查对象地的居民为对象，将收集到的数据进行频度分析。

问卷调查对象的特性分析，调查对象包括汉族与维吾尔族，其中汉族为泰安市刘台村（207 人）约占 49.6%，新疆喀什维吾尔族居民（211 人）约占 50.4%。

关于年收入的表现特征。首先来看汉族的分析结果，村里居民的年收入：5000 ~ 10000 元的占 13.5%，10000 ~ 15000 元约占 27.5%，15000 ~ 20000 万元约占 18.4%，20000 ~ 25000 元约占 13.5%，25000 ~ 30000 元占 9.2%，3000 ~ 3500 元约占 9. 2%，35000 ~ 4000 元占 1.4%，40000 元占 7.3%。维吾尔族分析结果显示，5000 ~ 10000 元约占 60.8%，10000 ~ 15000 元约占 28.3%，15000 ~ 20000 元约占

10.4%，20000～25000 元约占 0.5%，25000 元以上年收入的为 0。根据分析结果显示，汉族的收入水平比维吾尔族收入水平高。

关于年龄的表现特征。汉族的调查对象中 20～29 岁约占 24.6%，30～39 岁约 27.1%，40～49 岁占 26.1%，50～59 岁占 22.2%；维吾尔族调查对象中 20～29 岁约占 18.9%，30～39 岁代约 28.8%，40～49 岁代占 26.9%，50～59 岁代约 25.4%。从汉族与维吾尔族的人口年龄特征来看，汉族 20～29 岁占比维吾尔族要多，其他年龄阶段占比相似（见表 6－5）。

表 6－5　标本的人口统计学特征

类别	详细内容	汉族		维吾尔族		类别	详细内容	汉族		维吾尔族	
		人数	占比（%）	人数	占比（%）			人数	占比（%）	人数	占比（%）
年龄（岁）	20～29	51	24.6	40	18.9	学历	中学毕业	165	79.7	142	67.3
	30～39	56	27.1	60	28.8		大学毕业	24	11.6	56	26.5
	40～49	54	26.1	57	26.9		硕士毕业	0	0	13	6.2
	50～59	46	22.2	54	25.4		缺值	18	8.7	0	0
	合计	207	100	211	100		合计	207	100	211	100
年平均收入（元）	5000～10000	28	13.5	129	60.8	是否故乡	是故乡	187	90.3	187	88.2
	10000～15000	57	27.5	60	28.3		非故乡	20	9.7	24	11.8
	15000～20000	38	18.4	22	10.4		合计	207	100	211	100
	20000～25000	28	13.5	1	0.5						
	25000～30000	19	9.2	0	0						
	30000～35000	19	9.2	0	0						
	35000～40000	3	1.4	0	0						
	40000 元以上	15	7.3	0	0						
	合计	207	100	211	100						

二、探索性因子分析结果

1. 社会资本因子分析结果

本章是为了分析社会资本对社区旅游开发成果的影响，并在此基础上探讨文化差异的调节作用，对桥梁型社会资本、团结型社会资本的具体分析结果如表6－6所示。

表6－6　社会资本的因子分析结果

因　子	问　项	平　均	系数承载力	分散比	χ	固有值
桥梁型社会资本	对别人的想法比较感兴趣	3.79	0.767	29.466	0.862	4.125
	世界上的所有人都是联系在一起的	3.86	0.750			
	对村子以外发生的事很感兴趣	3.79	0.732			
	感到自己是广阔世界的一部分	3.82	0.699			
	对世界有好奇心	3.88	0.683			
	探索新事物	3.89	0.682			
	可以为参加社会活动花费时间	4.04	0.615			
	可以交到可以聊天的新朋友	4.05	0.599			
团结型社会资本	有聊私事的倾诉对象	3.83	0.756	20.907	0.772	2.927
	遇到困难时有帮助我的人	3.87	0.733			
	做重大决定时有给我提供意见的人	3.83	0.697			
	孤单时有可以聊天的人	3.92	0.692			
	有对我倾囊相助的人	3.82	0.575			
	有人可以借给我	3.50	0.508			

整体信赖度：0.869，总分散比：50.374，KMO：0.893，Bartlett 单位矩阵检验：$\chi^2=2040.492$（$p<0.000$）

通过指标净化过程删除了6项指标，最终可以利用的为14项指标。为了确认收集到的数据是否适合因子分析，首先进行了KMO指数与Bartlett的单位矩阵检验，根据其结果对评价指标进行了探索性因子分析。通过利用Varimax旋转进行了因子分析，将所有变量进行了要素的提取。指标的选择标准为固有值（Eigen）在1.0以上，要素载荷值在0.5以上。对于交叉因素载荷值低于0.35的指标，但Crobach Alpha（χ）系数在0.6以上的我们将其判断为具有信赖性。

从汉族与少数民族社会资本的因子分析结果看，KMO值为0.893，数据的量与变数的量都适合进行因子分析，Bartlett的单位矩阵检验结果为$\chi2 = 2040.492$（$p < 0.000$），因此对所有指标进行了因子分析。共对20个指标进行了分析，其中“村里与我接触的人对我评价很好”“受到不公平待遇时有人为我打抱不平”“我们村子里没有为我做重要事情的人”“与人们对话可以让我感到与更大的世界相连”“我总是喜欢接触新朋友”等5个问项不符合理论构造，因此将其删除，最后留下了14个问项。通过因子分析将社会资本分成了两大类，参考现有研究，将其命名为“团结型社会资本”与“桥梁型社会资本”。社会资本的整体Cronbach Aplha（χ）值为0.869，其中，“团结型社会资本”的χ值为0.772，“桥梁型社会资本的”χ值为0.862。

2. 乡村旅游开发成果的因子分析结果

汉族和少数民族社会资本的KMO值显示为0.908，适合进行数据和变量的因子分析，Bartlett的单位矩阵检验结果为$\chi2 = 2092.63$（$p < 0.000$），因此对所有指标进行了因子分析。本章中对旅游开发成果的10个指标进行了因子分析，并据因子分析的结果将其分为两大类，根据现有研究将其命名为“经济性成果”与“非经济性成果”。地区社会旅游开发成果的整体Cronbach Alpha（χ）值为0.89，其中“非经济性成果”的χ值为0.898，“经济性成果”的χ值为0.826（见表6－7）。

表 6 −7　地区社会旅游开发成果的因子分析结果

因　子	问　项	平　均	系数承载力	分散比	χ	固有值
非经济性成果	村庄整体形象得到了改善	4.14	0.833	38.539	0.898	3.554
	村庄基础设施的便利性得到了改善	4.16	0.830			
	提高了生活质量	4.08	0.809			
	增加了村庄活力	4.18	0.792			
	产生了对乡村旅游的满足	4.20	0.777			
经济性成果	旅游收入较之上年有所增加	3.95	0.809	29.942	0.826	2.994
	与其他村庄相比本村庄的旅游收入更高	4.01	0.770			
	游客数量与上年相比有所增加	4.02	0.763			
	旅游开发产业促进乡村的经济收入有所增长	4.12	0.677			
	与其他村庄相比本村庄的游客数量更多	4.09	0.646			
整体信赖度：0.890，总分散比：65.481，KMO：0.908，Bartlett 矩阵分析检验：$\chi^2=2092.63$（p <.000）						

3. 区域社会的文化倾向的因子分析结果

因子分析结果显示，汉族与维吾尔族地区社会文化倾向的 KMO 值为 0.811，收集数据与变量适合做因子分析。Bartlett 矩阵分析检验结果为 χ2 = 1786.843（p <0.000），因此对所有指标进行了因子分析。在这一部分，共对 23 个文化倾向指标进行了分析，其中，“与对立和纠纷相比，和谐更为重要”“从他人中独立出来”“同事比我做得好时，我会感到紧张”“我认为自己更值得信赖”“我认为标准化程序对工作有帮助”“工作时说明书很重要”“我认为村民间的竞争弊大于利”等 7 个指标由于不符合理论构造而被删掉，最终文化倾向变量有 16 个可以使用的衡量指标。

根据因子分析结果，可以将文化倾向分为三大构成要素，根据现有研究的结论，可以将其命名为“集体主义倾向”“个人主义倾向”“不确定性回避倾向”。文化倾向的整体 Cronbach Alpha（χ）值为0.704，其中，“个人主义倾向”的χ值为0.763，“不确定性回避倾向”的χ值为0.693，“集体主义倾向”的χ值为0.754（见表6－8）。

表6－8　区域社会文化倾向的因子分析结果

<table>
<tr><th>构成要素</th><th>问　项</th><th>平　均</th><th>系数承载力</th><th>分散比</th><th>χ</th><th>固有值</th></tr>
<tr><td rowspan="6">集体主义倾向</td><td>希望他人比自己过得好</td><td>4.22</td><td>0.734</td><td rowspan="6">19.519</td><td rowspan="6">0.754</td><td rowspan="6">3.123</td></tr>
<tr><td>保障家族的安危是我的义务</td><td>4.12</td><td>0.705</td></tr>
<tr><td>乐意与与其他人合作</td><td>4.15</td><td>0.681</td></tr>
<tr><td>乐意与他人一起度过时间</td><td>4.15</td><td>0.637</td></tr>
<tr><td>尊重村里的决策很重要</td><td>4.12</td><td>0.631</td></tr>
<tr><td>更加重视集体利益</td><td>3.88</td><td>0.525</td></tr>
<tr><td rowspan="5">个人主义倾向</td><td>认为赢很重要</td><td>2.89</td><td>0.812</td><td rowspan="5">17.063</td><td rowspan="5">0.763</td><td rowspan="5">2.730</td></tr>
<tr><td>自己的事比别人的事重要</td><td>2.82</td><td>0.785</td></tr>
<tr><td>我只做自己的事情</td><td>2.90</td><td>0.713</td></tr>
<tr><td>只将时间花在自己身上，一般不会和别人度过</td><td>2.82</td><td>0.704</td></tr>
<tr><td>竞争是一件很自然的事</td><td>3.48</td><td>0.486</td></tr>
<tr><td rowspan="5">不确定性回避倾向</td><td>不喜欢模棱两可的情况</td><td>3.41</td><td>0.750</td><td rowspan="5">14.049</td><td rowspan="5">0.693</td><td rowspan="5">2.248</td></tr>
<tr><td>工作时说明和指南很重要</td><td>4.05</td><td>0.672</td></tr>
<tr><td>标准化工作程序对工作很有帮助</td><td>4.17</td><td>0.648</td></tr>
<tr><td>预测结果困难时我会很紧张</td><td>3.41</td><td>0.595</td></tr>
<tr><td>竞争弊大于利</td><td>4.18</td><td>0.552</td></tr>
<tr><td colspan="7">整体信赖度：0.704，总分散比：50.631，KMO：0.811，Bartlett 矩阵检验分析：χ2＝1786.843（p<0.000）</td></tr>
</table>

三、相关性分析结果

相关分析是研究两个或两个以上处于同等地位的随机变量间的相关关系的统计分析方法。两个变量之间的相关程度用相关系数 r 来表示。相关系数 r 的值在 -1 和 1 之间，但可以是此范围内的任何值。正相关时，r 值在 0 和 1 之间，散点图是斜向上的，这时一个变量增加，另一个变量也增加；负相关时，r 值在 -1 和 0 之间，散点图是斜向下的，此时一个变量增加，另一个变量将减少。r 的绝对值越接近 1，两变量的关联程度越强；r 的绝对值越接近 0，两变量的关联程度越弱。本章通过可靠性与可行性分析，对增加每一维度各指标进行了平均和标准偏差的分析，因此，此部分对各变量之间的关系性进行了分析。

相关分析就是对总体中确实具有联系的标志进行分析，其主体是对总体中具有因果关系标志的分析。它是描述客观事物相互间关系的密切程度并用适当的统计指标表示出来的过程。在一段时期内出生率随经济水平上升而上升，这说明两指标间是正相关关系；而在另一时期，随着经济水平进一步发展，出现出生率下降的现象，两指标间就是负相关关系。为了确定相关变量之间的关系，首先应该收集一些数据，这些数据应该是成对的。例如，每人的身高和体重。然后在直角坐标系上描述这些点，这一组点集称为“散点图”。根据散点图，当自变量取某一值时，因变量对应为一概率分布，如果所有的自变量取值的概率分布都相同，说明因变量和自变量是没有相关关系的。反之，如果，自变量的取值不同，因变量的分布也不同，说明二者是存在相关关系的（见表 6 -9）。

从表 6 -9 看出，各变量相关分析的平均值分别是：团结型社会资本为 3.7970、桥梁型社会资本为 3.8899，个人主义倾向为 3.0201、集体主义倾向为 4.1081、不确定性回避倾向为 3.9017，经济性成果为 4.0391，非经济性成果为 4.1513。从团结型社会资本与其他变量之间的关系来看，桥梁型社会资本的关联系数为 0.494，呈现出较高的关联

表 6－9　变量相关性分析

变　量	平均值	标准偏差	各变量间相关关系（Inte－Construct Correlations）						
			团结型社会资本	桥梁型社会资本	个人主义倾向	集体主义倾向	不确定性回避倾向	经济性成果	非经济性成果
团结型社会资本	3.7970	0.63628	1	0.494**	0.080	0.442**	0.496**	0.322**	0.421**
桥梁型社会资本	3.8899	0.65985	0.494**	1	0.066	0.314**	0.439**	0.268**	0.346**
个人主义倾向	3.0201	0.85280	0.080	0.066	1	－0.084	0.068	－0.123*	－0.037
集体主义倾向	4.1081	0.53776	0.442**	0.314**	－0.084	1	0.369**	0.429**	0.434**
不确定性回避倾向	3.9017	0.62521	0.496**	0.439**	0.068	0.369**	1	0.214**	0.309**
经济性成果	4.0391	0.61620	0.322**	0.268**	－0.123*	0.429**	0.214**	1	0.551**
非经济性成果	4.1513	0.68232	0.421**	0.346**	－0.037*	0.434**	0.309**	0.551**	1

度，个人主义倾向间的关联系数为0.080，集体主义倾向之间的关联系数为0.442，与不确定性回避倾向关联系数为0.496。各变量间相关数最高值为0.551（如团结性社会资本与集体主义倾向相关系数为0.442），由此可以看出，各变量之间的相关性程度不高，不会产生较大误差。

四、假设的验证

1. 研究假设1

多元回归分析（Multiple Regression Analysis）是指在相关变量中将一个变量视为因变量，其他一个或多个变量视为自变量，建立多个变量之间线性或非线性数学模型数量关系式并利用样本数据进行分析的统计分析方法。另外也有讨论多个自变量与多个因变量的线性依赖关系的多元回归分析，称为多元回归分析模型（简称多对多回归）。通常影响因变量的因素有多个，这种多个自变量影响一个因变量的问题可以通过多元回归分析来解决。本章为了验证社会资本（团结型社会资本、桥梁型社会资本）对社区旅游开发成果产生的积极影响之假设1，实施了多元回归分析。回归分析师通过分析两个以上的自变量和因变量的关系的方法（李学植、林治勋，2011），是了解两个独立变量之间因果关系的分析方法。

设因变量为Y，影响因变量的k个自变量分别为X_1，X_2，X_3，…，X_k，假设每一个自变量对因变量Y的影响都是线性的，也就是说，在其他自变量不变的情况下，Y的均值随着自变量X_i的变化均匀变化，这时我们把$Y=\beta_0+\beta_1X_1+\beta_2X_2+\cdots+\beta_kX_k+\varepsilon$称为总体回归模型，把$\beta_0$，$\beta_1$，$\beta_2$，…，$\beta_k$称为回归参数。

本章验证了假设1-1社会资本与地区旅游开发经济性成果之间的关系。通过因子分析得出的两个独立变量分别为“桥梁型社会资本”“团结型社会资本”，将地区旅游开发经济性成果作为从属变量进行了多元回归分析（见表6-10）。

表 6 -10　社会资本对旅游开发经济性成果的影响

经济性成果	非标准化系数	标准偏差	标准化系数	t	显著性概率	公差限度	F	显著性概率	R 平方
团结型社会资本	0.245	0.051	0.253	4.769	0.000***	0.756	27.756	0.000***	0.118
桥梁型社会资本	0.130	0.050	0.139	2.622	0.009**	0.756			

多元回归模型 F 值为 27.765（p = 0.000），因此可以判定回归模型在统计上具有显著意义。团结型社会资本对地区旅游开发经济性成果的影响 t 值为 4.769（p < 0.000），说明团结型社会资本越高，对社区旅游开发经济性成果就越能产生积极作用。同时，桥梁型社会资本对地区旅游开发经济性成果的影响主要表现为 t 值 2.622（p = 0.009），由此说明，桥梁型社会资本越高，对地区旅游开发经济成果的积极影响程度就越高。通过标准化系数 Beta 值的对比结果显示，与桥梁型社会资本（0.139）相比，团结型社会资本（0.253）对地区旅游开发经济性成果的影响更大。综上所述，假设 1 - 1 成立。

对假设 1 - 2 的验证使用了与假设 1 - 1 同样的方法。从社会资本对旅游开发非经济性成果影响关系的分析结果来看（见表 6 - 11），独立变量“团结型社会资本”和“桥梁型社会资本”与从属变量“非经济性成果”之间的显著性概率为 0.000（F = 52.212），因此可以判定回归模型具有统计上的意义，因此假设 1 - 2 同样成立。

表 6 -11　社会资本对旅游开发非经济性成果的影响

非经济性成果	非标准化系数	标准偏差	标准化系数	t	显著性概率	公差限度	F	显著性概率	R 平方
团结型社会资本	0.357	0.054	0.333	6.591	0.000***	0.756	52.212	0.000***	0.201
桥梁型社会资本	0.185	0.052	0.179	3.534	0.000***	0.756			

综上所述，社会资本的构成要素对地区旅游开发非经济性成果产生积极影响。其中，团结型社会资本对社区旅游开发非经济成果统计上有显著影响（p<0.000）。另外，t值为6.591，标准化系数为正（+）方向，表明团结型社会资本越高，对地区旅游开发非经济性成果产生的积极影响越大。桥梁型社会资本对地区旅游开发非经济性成果也产生了统计上的显著影响（p<0.000），t值为3.534，标准化系数呈现正（+）方向，表明桥梁型社会资本越高，对社区旅游开发非经济性成果的积极影响就越大。构成社会资本的要素“桥梁型社会资本”“团结型社会资本”的标准化系数Beta比较结果显示，与桥梁型社会资本（0.179）相比，团结型社会资本（0.333）对社区旅游开发的非经济性成果影响更大一些。

2. 研究假设2

在检验假设2之前，为了了解汉族和少数民族的文化倾向是否存在显著差异，进行了T-test分析（见表6-12）。

表6-12 文化倾向的T-test检验结果

区 分	文化倾向	汉族（n=207）	维吾尔族（n=211）	T值	p值
平 均	个人主义倾向	3.1942	2.8493	4.231	0.000***
	集体主义倾向	3.8494	4.3681	-11.085	0.000***
	不确定性回避倾向	3.6908	4.1075	-7.215	0.000***
标准偏差	个人主义倾向	0.67548	0.96818		
	集体主义倾向	0.42888	0.51304		
	不确定性回避倾向	0.63051	0.54776		

T-test检验结果表明，汉族与维吾尔族的文化倾向是有差异的。在个人主义倾向当中，汉族的平均值为3.1942（标准偏差为0.67548），

维吾尔族的个人主义倾向平均值为 2.8493（标准偏差为 0.96818），在统计上表现出显著的差异性（p=0.000）。在集体主义倾向与不确定回避倾向中，比起汉族来，维吾尔族的平均值普遍偏高，表现出了明显的差异性（p=0.000）。和汉族相比，维吾尔族的集体主义倾向与不确定性回避倾向都要高；与维吾尔族相比，汉族的个人主义倾向较高。从个人主义倾向与集体主义倾向的分析结果来看，与现有研究中的分析结果保持了一致性（阿不力克木，2006；鲜凌凯，2012；李勇，2013；朱爱武，2014）。但是，不确定性回避倾向层面的分析结果与现有研究中的分析结果不一致，现有文献中表明汉族比少数民族的不确定性回避倾向要强（阿不力克木，2006），但在本章研究中，维吾尔族的不确定性回避倾向比汉族表现得更强一些。本章推测此分析结果是由于最近几年，维吾尔族地区为了促进地区发展而展开的一系列旅游开发，以及其他方面的地区开发导致的。在这些地区开发的初期阶段，维吾尔族居民对这些地区开发等未来不可预知的结果产生了紧张感。当面对此类问题时，应通过制定政策、培养专业人才，以及交流相关专业知识等手段消除他们的紧张感。

（1）假设 2 的验证。假设 2 是在社会资本与地区旅游开发成果之间的关系中，区域社会文化倾向差异是否存在，且文化差异在社会资本影响旅游开发成果的关系中是否起到调节作用。此部分用双因素多元方差分析（Two - Way ANOVA）对此进行了验证。双因素多元方差分析是指有交互作用的双因素方差分析，它假定因素 A 和因素 B 的结合会产生一种新的效应。

为了对假设 2 进行验证，首先用中位数法（Method of the Median）计算出中间值，并将团结型社会资本进行分类。在此，以社会资本因子分析使用的评价指标为基础，求出了每个评价指标的中位数，团结型社会资本的中位数为 3.8333，高于此中位数值的受访者被看作团结型社会资本“高”集团，低于此中位数值的受访者被看作团结型社会资本“低”集团。桥梁型社会资本的中位数为 4.0000，同样，高于此中位数值的受访者被视为桥梁型社会资本“高”集团，低于此中位数值的被视为桥梁型社会资本“低”集团。

假设 2－1 为团结型社会资本对地区社会旅游开发经济型成果的影响，随着文化倾向的差异而不同。通过两因素多元方差分析（two－way ANOVA）地区社会（汉族、维吾尔族）的文化倾向与团结型社会资本（高、低集团）之间 2×2 相互作用。此时，主效果表现为独立变量对从属变量的影响，而交互作用表现为独立变量对从属变量的影响，根据调节变量的变化而产生不同。

如表 6－13 所示，在分析结果中从属变数为地区社会对旅游开发经济性成果的认知，在地区社会文化倾向与团结型社会资本的交互作用中经济性成果表现出差异性，$F=21.143$（$p<0.000$），由此可以确定地区文化倾向（汉族、维吾尔族）在团结型社会资本对地区旅游开发经济成果的影响中起到了调节作用，因此，假设 2－1 成立。

表 6－13　地区社会之间（汉族/维吾尔族地区）团结型社会资本对旅游开发经济成果的影响

来　源	平方和	自由度	均　方	F	显著性检验
修正后模型	27.366	3	7.122	21.518	0.000
截　距	5744.105	1	5744.105	17355.404	0.000
团结型社会资本	1.491	1	1.491	4.506	0.034**
地区文化倾向×团结型社会资本	13.995	1	13.995	21.143	0.000***
误　差	137.352	415	0.331		
合　计	6994.560	419			
修正后合计	158.718	418			

注：$p<0.05$ 为有意义。

具体来看，在团结型社会资本“高”群体中，维吾尔族比汉族认识到的旅游开发经济成果要高；在团结型社会资本“低”群体中，同样表现为维吾尔族比汉族更能认识到旅游开发经济成果也高（见图6－2）。

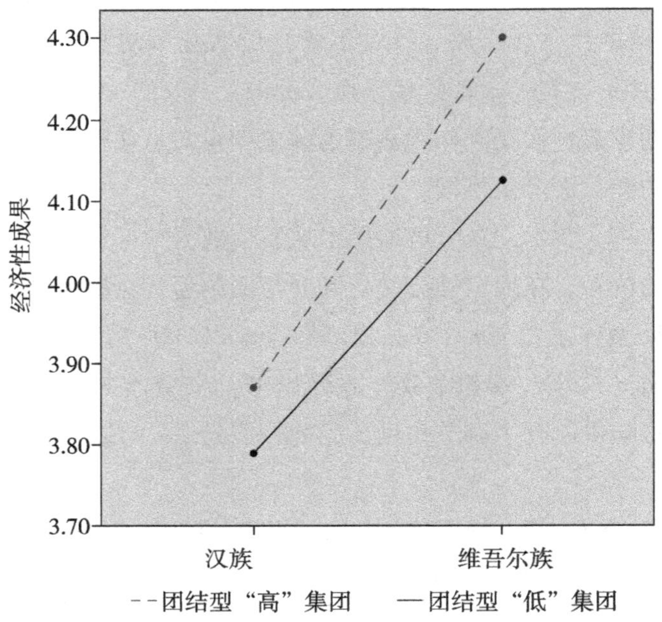

图6－2　团结型社会资本、地区文化倾向与旅游开发经济性成果的交互作用

（2）假设2－2的验证。假设2－2为团结型社会资本对地区社会旅游开发非经济性成果的影响。随着文化倾向的变化而表现出不同。为了验证假设文化倾向（汉族、维吾尔族）与团结型社会资本（高、低集团）之间的2×2交互作用，进行了两因素方差分析（Two－Way ANOVA），统计结果显示，团结型社会资本与地区社会文化倾向的交互作用表现较为显著（$F=28.407$，$p=0.000$），因此，根据地区社会文化倾向的不同，团结型社会资本对地区社会旅游开发非经济性成果的影响也会产生不同，假设2－2成立（见表6－14）。

表6-14 地区社会之间（汉族/维吾尔族地区）团结型社会资本对旅游开发非经济成果的影响

来源	平方和	自由度	均方	F	显著性检验
修正后模型	43.169	3	14.390	39.433	0.000
截距	6132.696	1	6132.696	16806.035	0.000
团结型社会资本	7.327	1	7.327	20.078	0.000***
地区文化倾向×团结型社会资本	20.732	2	10.366	28.407	0.000***
误差	151.438	415	0.348		
合计	7415.400	419			
修正后合计	194.607	418			

注：$p<0.05$ 为有意义。

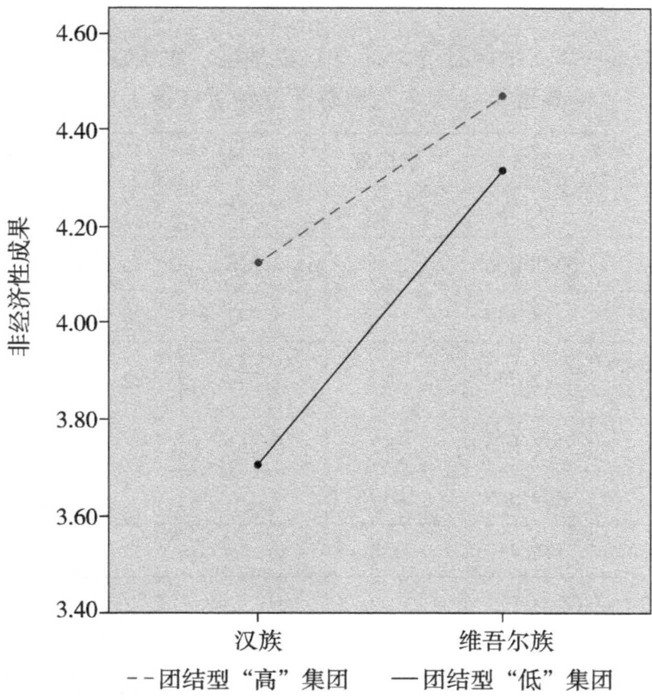

图6-3 团结型社会资本、地区文化倾向与旅游开发非经济性成果的交互作用

具体来看，在团结型社会资本“高”群体中，维吾尔族比汉族认识到的旅游开发非经济性成果要高；在团结型社会资本“低”群体中，同样表现为维吾尔族比汉族更能认识到旅游开发非经济成果也高（见图6－3）。

（3）假设2－3的验证。假设2－3为桥梁型社会资本对地区社会旅游开发经济成果的影响受地区文化倾向的影响。为了分析社区文化倾向（汉族、维吾尔族）和桥梁型社会资本（高、低集团）之间的2×2交互作用，进行了两因素多元方差分析（Two－Way ANOVA）。统计结果显示，桥梁型社会资本与地区社会文化倾向的交互作用表现较为显著（F＝223.717，p＝0.000）。因此，根据地区社会文化倾向的不同，桥梁型社会资本对地区社会旅游开发经济性成果的影响也会不同，假设2－3成立（见表6－15）。

表6－15　地区社会之间（汉族地区、维吾尔族地区）桥梁型社会资本对旅游开发经济成果的影响

来　源	平方和	自由度	均　方	F	显著性检验
修正后模型	29.762	3	9.921	31.926	0.000
截　距	6443.256	1	6443.256	20735.353	0.000
团结型社会资本	8.747	1	8.747	28.150	0.000***
地区文化倾向×桥梁型社会资本	17.740	2	7.370	223.717	0.000***
误　差	128.956	415	0.311		
合　计	6994.560	419			
修正后合计	158.718	418			

注：p＜0.05为有意义。

具体来看，在桥梁型社会资本“高”群体中，维吾尔族比汉族认识到的旅游开发经济成果要高；在桥梁型社会资本“低”群体中，同样表现为维吾尔族比汉族更能认识到旅游开发经济成果也高（见图6－4）。

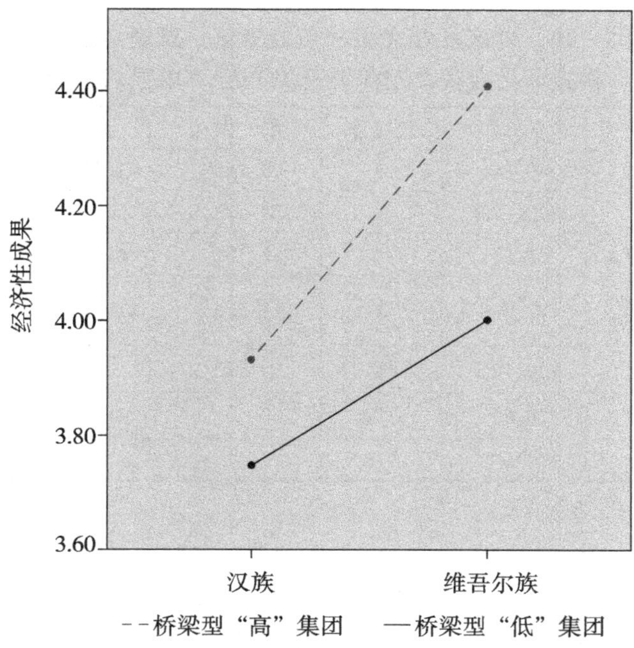

图6-4 桥梁型社会资本、地区文化倾向与旅游开发经济性成果的交互作用

（4）假设2-4的验证。假设2-4内容为桥梁型社会资本对地区社会旅游开发非经济型成果的影响会随着文化倾向的差异而不同。通过两因素方差分析（Two-Way ANOVA）地区社会（汉族、维吾尔族）的文化倾向与团结型社会资本（高、低集团）之间2×2相互作用，主效果表现为独立变量对从属变量的影响，而交互作用表现为独立变量对从属变量的影响根据调节变量的变化而产生不同，在分析结果中从属变数为地区社会对旅游开发非经济性成果的认知，在地区社会文化倾向与桥梁型社会资本的交互作用中经济性成果表现差异性，F=41.817，p=0.000，由此可以确定地区文化倾向（汉族、维吾尔族）在桥梁型社会资本对地区旅游开发非经济成果的关系中起到了调节作用。因此，假设2-4成立（见表6-16）。

表 6－16　地区社会之间（汉族地区、维吾尔族地区）
桥梁型社会资本对旅游开发非经济成果的影响

来　源	平方和	自由度	均　方	F	显著性检验
修正后模型	60.466	3	20.155	62.356	0.000
截　距	6928.623	1	6928.623	21435.510	0.000
团结型社会资本	21.381	1	21.381	66.148	0.000***
地区文化倾向×桥梁型社会资本	27.033	2	13.516	41.817	0.000***
误　差	134.141	415	0.322		
合　计	7415.400	419			
修正后合计	194.607	418			

注：$p<0.05$ 为有意义。

具体来看，在桥梁型社会资本“高”群体中，维吾尔族比汉族认识到的旅游开发非经济成果要高；在桥梁型社会资本“低”群体中，同样表现为维吾尔族比汉族更能认识到旅游开发非经济成果也高（见

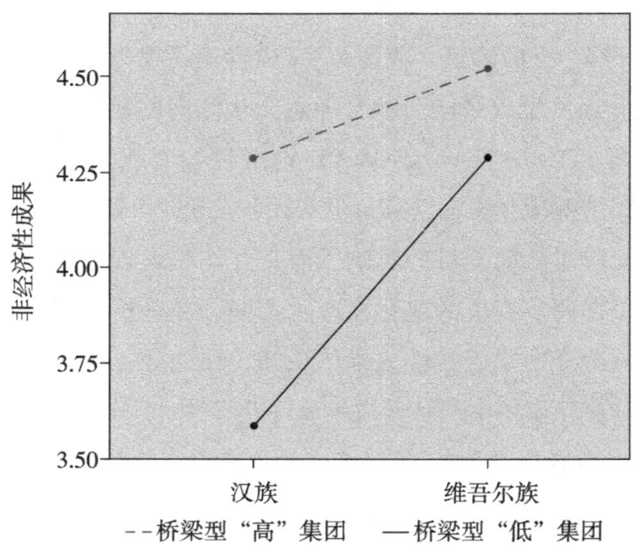

图 6－5　桥梁型社会资本、地区文化倾向与旅游开发非经济性成果的交互作用

图 6－5）。

五、分析结果小结

本章的目的在于查明社会资本对地区旅游开发成果的影响，并根据社区文化倾向的不同，探索这种关系的差异性，为此进行了相关理论研究、问卷制作、数据收集及其分析。具体分析结果如下：

（1）社会资本对社区旅游开发成果产生积极影响。分析结果显示，团结型社会资本和桥梁型社会资本都对社区旅游开发的经济型成果和非经济性成果产生积极影响。尤其是，比起中国汉族村庄、维吾尔族的团结型社会资本比桥梁型社会资本对地区旅游开发成果的积极影响更大。可见，在中国农村旅游开发过程中，团结型社会资本正在发挥着更大的影响力，这与中国农村形成的社会资本带有强烈团结型社会资本特征的研究结果一致（林聚任、刘翠霞，2005；赵晓云，2008；张玫清，2008；帅庆，2011；赵丙奇、金彬，2013）。因此，在乡村旅游开发过程中，应以积极的精神和思考方式为基础，建立良好的友好合作与亲密感，在互惠的基础上积极引导居民参与，从而促进旅游开发成果的最大化（郑元植、尹成俊，2015）。

根据 Coleman（1988）的研究，团结型社会资本通过同质性和紧密联系来强化组织规范，成员们会采取考虑符合群体规范和能实现共同愿景的行动，从而取得更好的成果。另外，团结型社会资本内部成员之间具有信任及认同感（Putnam，1993）。

团结型社会资本在相互作用关系层面上，连接强度高、信息共享意图高（庄炫道，2015），在旅游开发的过程中，通过信息共享与交流，有助于维持持续竞争力和创造价值。在团结型社会资本较强的村庄，成员们具有共同的规则、信任、共同的愿景、共同的价值观，从而进行资源、信息、商机的共享（王丽娜、高前善、杨玉红，2016）。

另外，对获取投资也有积极促进作用（Batjargal & Liulzl，2004）。从这方面来看，中国农村形成的团结型社会资本可以促进旅游开发成果。由于人与人之间可以通过团结型社会资本进行知识共享、集团内部融资等，因此，可以更有效地进行交易，且可以降低创新的危险因素（Lin & Si，2010）。

（2）确认了汉族和维吾尔族的个人主义倾向、集体主义倾向及不确定性回避倾向存在着差异。分析结果显示，维吾尔族比汉族的集体主义倾向和不确定性回避倾向更为强烈，汉族的个人主义倾向相对强烈，这与现有文献的研究结果一致（阿布克里木，2006；鲜凌凯，2012，李勇，2013；朱爱武，2014）。

相反，在不确定性回避倾向方面，维吾尔族比汉族表现得较为强烈，这与现有研究的分析结果不同（阿布克里木，2006）。这反映了近年来在中国政府大力促进少数民族地区发展的过程中，维吾尔族地区居民可以较多地接触外部新环境与外部群体、原来毫无经验的一些事情。因此，对新接触的环境、人、工作产生了难以把握的认知感，由此推测维吾尔族的不确定性回避倾向较强。

社会资本对旅游开发成果的影响受文化倾向因素的调节，即文化倾向在这个关系中起到了调节作用。分析结果显示，在团结型社会资本的分析结果中，维吾尔族比汉族更能认识到乡村旅游开发的成果。同样，在桥梁型社会资本的分析结果中，维吾尔族比汉族也更能认识到乡村旅游开发的成果。

社会资本对社区旅游开发经济成果的影响取决于社区文化倾向。维吾尔族比汉族的集体主义倾向强烈，认知到的社区旅游开发的经济成果更高。集体主义倾向强的群体，更重视集体利益，强调对集体的忠诚和协调。在社区旅游开发的过程中，成员之间的合作、协调以及责任和结果由集团共享，因此社会资本可以促进社区旅游开发成果。

在不确定性回避倾向方面，维吾尔族表现得比汉族强烈。不确定性回避倾向会让人对不确定或模糊的状况感到紧张，通过确切的经历、制订正式的规则，强调真理或专业性来营造安定的氛围，减少不确定性带来的负面影响。在旅游开发过程中，具有这种特性的维吾尔族，可以通过规则、秩序、专业人员及专业知识，甚至外部情报信息的获取等途径，降低不确定性程度。

同时，社会资本对社区旅游开发的非经济性成果的影响也随着社区文化倾向出现差异。经确认，维吾尔族认知的社区旅游开发非经济成果高于汉族。集体主义倾向强烈的群体为了组织的成果，往往有较强的组织投入倾向，因此对社区旅游开发成果有加积极的认知（都允京，2005）。社区居民的集体主义倾向对社区的热爱产生积极影响，尤其是集体主义倾向越强，居民对地区的自豪感和对生活质量的认知就越正向，对文化和环境的也会产生积极良好的认知（徐有英，2013）。这是由维吾尔族集体主义倾向带来的结果。

相反，尽管汉族比维吾尔族的收入高，但对社区开发成果的认知却相对较低。这反映了汉族强烈的个人主义倾向，个人主义倾向强的人只注重个人利益，重视个人成就感、竞争、独立，所以对社区旅游开发成果，比集体主义倾向强的人认知要低（见表6－17）。

表6－17　分析结果综合

假　设	检验结果
假设1：社会资本对地区旅游开发成果产生积极影响	
1－1：团结型社会资本对地区旅游开发成果产生积极影响	成立
1－2：桥梁型社会资本对地区旅游开发成果产生积极影响	成立
假设2：地区的社会资本对旅游开发成果的影响，随着文化倾向的不同而产生差异	
2－1：地区的团结型社会资本对旅游开发经济性成果的影响，随着文化倾向的不同而产生差异	成立
2－2：地区的团结型社会资本对旅游开发非经济性成果的影响，随着文化倾向的不同而产生差异	成立
2－3：地区的桥梁型社会资本对旅游开发经济性成果的影响，随着文化倾向的不同而产生差异	成立
2－4：地区的桥梁型社会资本对旅游开发非经济性成果的影响，随着文化倾向的不同而产生差异	成立

第七章　韩国乡村旅游成功经验对泰安市乡村旅游的启示

第一节　研究背景

为了提高农村居民的生活品质，解决“三农”问题，国家鼓励了发展乡村旅游，通过近几年乡村旅游发展的效果显著，例如在提高农户收入、提供就业岗位、满足城市居民对乡村生活体验的需求、保护农村文化以及生态资源等经济、社会、文化方面的效果已经显现。泰安市也在积极推行乡村旅游的开发与新农村建设。近年来，泰安市依托泰山旅游，不断完善休闲农业与乡村旅游产业体系，提高了泰安市农村人口的生活水平，完善了乡村生活环境。

虽然政府支持力度大，有些地区也取得了良好的成果，但是在泰安市，乡村旅游却存还存在一些问题，这些问题制约了泰安乡村旅游的发展。在这些问题中，首先应该考虑的是泰安市乡村旅游开发在数量上注重规模的同时，有没有注重乡村旅游的品质？比如旅游产品的差别化、诱导游客消费开发中存在的纠葛、资金的获取渠道等问题。韩国在发展乡村旅游过程中也出现过类似问题，但是韩国政府以及乡村旅游相关利益者进行了深入探究与实践，成功解决了类似问题。为此，本章借鉴韩国乡村旅游开发的先进理论和施行方法，来制定泰安市的乡村旅游开发规划。因此，本章具有重大的现实意义。

第二节　中国、韩国乡村旅游的文献综述

一、中国的研究动向

在中国的文献中，对乡村旅游的研究也在如火如荼地进行着，也有很多学者对泰安地区的乡村旅游进行了探讨（张建忠，2009；翟代清、陈夏蕊，2010；鲁旭，2014；黄玉梅、孙丹，2015；龙肖毅、张咏梅，2016;）。在这些研究中，大多数都是分析泰安市乡村旅游发展的资源、优劣势、发展现状，但是借鉴国外先进经验，尤其是同属亚洲地区的韩国的一些乡村旅游开发成功案例的不多。

本章的目的是通过分析韩国乡村旅游的成功案例，总结韩国乡村旅游成功经验，如相关政策、特色旅游产品的开发和营销方式、增加居民支持度的途径及资金获得渠道等方面。以此为基础，针对泰安地区乡村旅游中存在的问题，提出针对性的解决方案，为政府决策及企业运营提供依据。

二、韩国的研究动向

由于韩国政府大力推行乡村旅游，因此，韩国学者对乡村旅游的研究大致分为为以下几类：①以消费市场为中心，研究乡村游客心理以及行动（朴天宇、闵良基等，2014；江成景、孙浩基，2015；金基贤、卉艳华等，2015；东北亚观光学会，2015）；②以当地居民为中心，研究如何提高居民对乡村旅游开发支持度的文章（李应奎、奎子安等，2007；金宝美、李应振，2010；金善锡，2014；卉海勇、尹允植等，2014）；③在宏观角度，对乡村旅游政策的研究（李东毕、文顺哲，1998；陈政宪、崔喜善等，2008；吴胜英、朴胜武等，2010；朴时贤，2013）；④乡村旅游产品设计及营销的相关研究（柳善武，1994；张景秀，2010；江静恩、朴美延、金恩子，2013；李学珠，2016；朴德炳、金素允，2016；

林振江、金东灿，2016）；⑤对成功乡村旅游的案例分析（李长亨、薛百春，2009；许钟玉，2011；李基应，2011；申黄浩、孙浩基等，2016；李学珠，2016）。

韩国从20世纪70年代开始研究乡村旅游，迄今为止，在学术研究上进行了多元化、系统化的理论分析和实证分析；而且在开发与规划过程中，有着丰富的经验，所以促成了韩国一些乡村旅游的成功案例（Buraemi村庄、Darangyi村庄、Togomi村庄、Handemy村庄等）。由此可见，韩国乡村旅游的发展进入了成熟阶段，有许多理论和实践经验值得中国借鉴。

第三节　泰安市乡村旅游发展概况

一、区域概况

19世纪中期乡村旅游始于法国，并迅速兴起和发展于欧洲。中国乡村旅游受各种旅游政策的指引，并在发达国家的影响与国内外旅游市场的推动下，使中国乡村旅游得到了长足发展。尤其是20世纪90年代以来，中国的乡村旅游业得到了快速发展，已经成长为国内旅游的一个重要组成部分和支撑力量，全国各地都涌现出了特色鲜明、产品丰富的乡村旅游目的地。2006年，山东省将发展乡村旅游作为培育当地支柱产业的重点。山东省通过发展乡村旅游，为农村剩余劳动力提供了就业岗位，并将很大一部分外地务工人员重新吸引回来，进而带动了当地农业和其他相关产业的快速发展，促进了区域中的城乡交流，重塑了乡村的形象，弘扬了乡村文化，缩小了城乡之间的差距。这些乡村旅游目的地的开发与建设，不仅可以为当地城市居民提供旅游休闲方式，而且还可以促进当地社会主义新农村建设，成为实现农民致富的一个途径。

泰安市位于山东省中西部地区，背面与莱芜、济南相邻，南临孔圣人故里济宁，东与临沂相接，西面与聊城、河南濮阳相邻。市域空间成东西条带状，东西长约176千米，南北宽93千米，全市总面积7761平方千米。全市有泰山区、岱岳区、高新区、旅游经济开发区、肥城市、新泰市、东平县、宁阳县，由10个行政单元组成，人口超过550万人。泰安市地形以丘陵平原为主，北部和东部分别为泰山和徂徕山。泰安市具有便利的交通设施，南北方向有G30、G35、G2三条高速公路，东西方向的有G31和S26两条高速公路，并具备市内快速交通道路。而且泰安市有104国道、105国道、220国道、329省道、331省道、333省道、104省道、250省道、224省道、240省道相互连接，打造了便利的交通网络系统。在铁路交通方面，京沪高铁穿境而过，促进了泰安市对外联系，尤其方便了北京、天津、上海、杭州、宁波等地区人员的流动。

二、泰安市乡村旅游资源概况

泰安市的乡村旅游虽然起步较晚，但由于泰安市委市政府的重视与引导，乡村旅游的发展速度相对较快，不断推进旅游文化商品城、旅游公交设施、特色美食节、旅游标志导向系统等基础服务设施，而且大力开发泰山玉、泰山茶等产品，力图打造“泰山人家”品牌。截至2016年，泰安市乡村旅游特色村已经有400个，带动了当地经济发展，提高了农民收入。

泰安市乡村旅游资源丰富。在乡村旅游发展方面，有国家级、省级乡村旅游示范村——里峪村、大陡山村等具有特色的乡村旅游目的地。在资源方面，东平湖麻鸭蛋、下港板栗等传统特产，以及特色鲜明的肥城桃花、泰山兰花、宁阳梨花等花卉资源；还有泰山皮影、东平渔鼓、夏张剪纸等乡村民俗文化资源。泰安地区乡村旅游的发展是打造“中外著名旅游目的地城市”，促进乡村旅游资源的整合，已经形成了赏花采摘、观光垂钓、生态农场、古村落展示、民俗体验等多元化乡村旅游发展模式。2017年，山东省农业厅和省旅游发展委联合公布《山东省休闲农业和乡村旅游示范创建名单》，泰安市有6个乡村旅游目的地成功入选。

根据泰安市统计局公布的数据，截至2017年年底，泰安市乡村旅游总量共计640个实体资源，数量丰富、类型多元。大体上可以分为乡村自然景观、乡村生产景观、乡村遗产与建筑、乡村物产、乡村文化遗产五大类。

例如，岱岳区旅游局建立了“泰山观光，海岱休闲”的总体思路，结合实际、专业引导、集群发展，促进全区乡村旅游可以持续、长远发展。截至2016年年初，已建成4A级景区4处、3A级景区2处、2A级景区1处、省级源生态旅游景区1家、省级旅游强乡镇8个、省级旅游特色村13个、省级农业旅游示范点10个、休闲渔业示范点2个、“好客人家”星级农家乐31家、省级精品采摘园8家，并打造了民宿观光、踏青寻春、赏花采摘、农事体验、休闲拓展、敬茶孝亲等乡村旅旅系列产品，广受泰安、济南及周边市场游客热捧，尤其是“春天里峪——香椿采摘节”系列荣获得了山东省旅游产品创新奖三等奖。2016年，陆续推出了草莓采摘节、葡萄采摘节、黄金梨采摘节、温泉滑雪节、帐篷节等丰富多彩的乡村旅游节庆活动，接待游客约1120万人次，仅乡村旅游的节庆活动就吸引游客超过260万人次，实现旅游收入12.48亿元，同比增长分别为70.5%和72.6%。

三、泰安市乡村旅游特点

由于不同环境下形成的景观类型不同，因此可以说乡村旅游资源的发展与自然环境、社会环境关系非常密切。与此同时，社会环境因素也会影响乡村旅游的发展，例如政治、宗教、民族、人口、文化、经济、历史等，这些影响要素的差异往往导致形成不同的乡村文化和民俗，比如民族间具有不同的服饰、信仰、礼仪和节日庆典等。泰安市的乡村旅游资源在空间上具有广泛分布的特征，已经构成了“一带、三环、多片”的格局：一带，即大汶河乡村旅游休闲带；三环，即环泰山、环徂徕山、环东平湖；多片，即泰山慢谷片区、九女峰片区。与乡村旅游的总体特征相比，泰安市乡村旅游的主要特征主要有以下几点。

（1）泰安市乡村旅游的乡村性特征。旅游休闲的主要目的是为了满足城市居民远离城市的喧嚣拥挤、快节奏的高压生活，回归乡村自然、宁静的心理需求。乡村的环境、乡村的文化和遗产、乡村的生活、乡村的各种活动等一系列乡村旅游产品要素就是针对城市游客的心理需求打造的。只有突出了乡村旅游的乡野特性，才是乡村旅游的灵魂所在、发展动力所在、吸引力所在。

（2）泰安市乡村旅游的文化性特征。泰安市是中国古代文明发源地之一，位于泰安市南部地区的大汶口文化距今约有 5000 多年的历史。是泰安市齐鲁文化的交融区，在长期的发展过程中积累了深厚的历史文化和多姿多彩的民俗文化。泰山文化属于中国传统文化一个重要的组成部分，因而在当地的居民深受其影响，形成了独特的文化、风俗。在泰山周边乡村地区，仍然保留着传统的民居形式和文化元素，比如泰山石敢当、泰山松石等元素。文化是旅游的灵魂，传统民俗文化则是乡村旅游的精华。泰安市作为一个文化名城，其独特的传统民俗文化是泰安市乡村旅游的一大特色。

（3）泰安市乡村旅游的休闲娱乐特征。无论是依托优美的自然风光和良好的生态环境吸引游客，向游客提供回归大自然的观光游览式乡村游，还是依托丰富的民俗风情吸引游客参与体验吃农家饭、住农家屋、干农家活的民俗体验式的乡村游，都体现了乡村旅游以休闲娱乐为主要内容的特点。

四、泰安市乡村旅游发展环境分析

事物的发展总是受到外部环境的影响和制约，泰安市乡村旅游的发展同样也受泰安市战略环境影响。战略环境是指影响战略的各种外部环境因素和内部条件因素的综合。外部环境处于不断变化的过程当中，这种不断变化的外部环境可以为乡村旅游带来一些潜在的发展机会，良好的内部条件则是将机会转换为现实的基础。泰安市发展的战略环境主要包括政治法律环境、经济环境、社会文化环境、技术环境等宏观环境，还包括内部的优势、劣势等一些相对微观的影响因素。

（一）宏观环境分析

1. 政治法律环境

任何一个产业的发展都会受国家和地方的政治方针、法律、政策等的影响，这些影响对一个产业的经营和发展具有十分重要的作用。政治法律环境对一个产业的影响主要表现在以下两个层面：①政治法律对产业发展起到引导作用，为产业的发展指明方向；②政治法律因素对产业的发展起到管理约束作用。这两个方面的影响相互联系，从不同层面促进产业的发展。

2012 年，泰安市政府制定了《关于实施蔬菜等十四大产业振兴规划的指导意见》。该指导意见提到将泰安市的乡村旅游划分为五个旅游风景区，这五个旅游风景区的发展主要是围绕泰安市民俗文化和高科技现代农业旅游区、泰安肥城的乡村旅游发展区、东平县的湿地旅游区、新泰的宗教文化旅游区和宁阳的蟋蟀文化旅游区进行打造。通过合理开发旅游景点、规划旅游路线，达到泰安市发展乡村旅游的目标。

近年来，乡村旅游的发展得到了泰安市政府的极大重视，为了抓住机会、深挖山东省发展乡村旅游业的优势和文化内涵，2013 年举行了山东省乡村旅游发展电视会议，明确提出山东省正处于发展乡村旅游的重要时期，强调要突出山东省的特色。泰安市发展乡村旅游秉承这一精神，截至 2015 年，泰安市乡村旅游发展较强的乡镇有 17 个、特色乡村游 30 家，形成了 35 家特色农业旅游示范点、农业合作社有 20 多家，乡村旅游人数不断增加，达到了 20%，占旅游总人数的 30%，乡村旅游收入约占旅游总收入的 20%。

2. 经济环境

企业处在宏观环境中，受社会和经济发展条件及国家政策的影响和制约，通过消费者可自由支配收入变化、消费者的支出变化等，来影响消费者的购买能力，从而影响企业，乃至整个产业的发展。考量一个国家或地区的经济发展环境的几个主要指标包括：该地区的生产总值、利率的高低、政府货币政策的宽松或紧缩、是否存在通货膨胀、失业率水平的高低、居民人均可支配收入水平、市场运行机制是否顺畅、市场供需状况等。

近年来，泰安市不断调整产业结构，重点发展旅游业，实施“高起点引进、高水平创新、高标准培育”的战略，使泰安市经济实现了较快发展，因而城镇居民和乡村居民的收入和生活质量得到了显著提高，为消费水平的提升打好了基础，这些都为泰安市乡村旅游产业的发展提供了资金和需求保障。

3. 社会文化环境

产业发展的社会文化环境是指一个国家或地区在发展过程中，长期以来形成的一种文化底蕴、价值倾向、社会风俗，以及习惯等要素构成的一种氛围。影响一个社区文化环境形成的因素很多，包括居民人口、民族、宗教、教育等。其中最重要的就是人口，人口因素也是影响泰安市乡村旅游产业发展的决定性因素之一。泰安市依托泰山，旅游资源丰富多元，且泰安市坚持把教育放在发展的优先位置，大力发展义务教育、职业教育、素质教育等，高等教育在全省处于重要地位，山东农业大学、泰山学院、山东科技大学等聚集于此，这些可以成为泰安市乡村旅游发展的智库。

4. 技术环境

产业发展的发展离不开科技的进步。近年来，随着科学技术的不断进步，旅游产业的发展也将一些新科技应用引进来，进一步满足了乡村旅游的市场需求，科技在乡村旅游的发展中体现出了极其重要的作用：①乡村旅游的发展需要科技推动，如科学规划布局等；②科技的发展需要人才的支撑；③乡村旅游的发展离不开现代化的基础设施建设；④科技的发展可以让乡村旅游的体验项目更为身临其境，有利于深入体验和投入；⑤乡村旅游发展离不开科学规范的管理；⑥在乡村旅游的发展过程中要注意可持续发展，保护生态环境。科技与乡村旅游的融合模式，主要是为了产业化农业和旅游业的结合，最终促进科技和乡村旅游的融合发展，增强乡村旅游的竞争力，更好地满足乡村旅游市场需求。

（二）微观环境分析

1. 泰安市发展乡村旅游的优势

首先，泰安市具有区位和交通优势。公路和铁路交通系统完善，位于“一山一水一圣人”中间位置，属于黄金旅游线，与省会济南市仅1个小时车程，且为连接北京、上海的交通枢纽。铁路、公路的发达，为游客提供了便利的交通条件，增加了客源市场。其次，泰安市旅游资源丰富，人文景观与自然资源有机结合。泰安位于泰山脚下，山城相连、风景优美、文化底蕴丰厚。泰安市气候属于暖温带季风性气候，四季分明，全年平均气温在13C°左右。自然生态环境优越，土地肥沃，农业发达，是山东省重要的粮食生产基地，有利于乡村旅游的发展。最后，政府的大力支持是乡村旅游发展的强大动力。泰安市政府一直围绕建设国际旅游名城的目标不断努力，针对泰安市不同特色的地区提出了一系列发展措施，使泰安市乡村旅游产业得到又快又好的发展。

2. 泰安市发展乡村旅游的机遇

（1）从2004年起，国务院及旅游相关部门出台了多个文件，大力推荐乡村旅游的发展，泰安市委、市政府重视乡村旅游与社会主义新农村建设，以乡村旅游作为有力手段，推进社会主义新农村建设。

（2）新农村百强示范村为泰安市发展乡村旅游树立了典范。中央一号文对“三农问题”有明确指示，在今后的发展过程中应该不断统筹城乡发展，在增加财政收入的同时，不断缩小城乡差距。在此推动下，泰安市新农村建设典范不断涌现，积极开展农村建设典范评选活动，为乡村旅游发展增添了新活力。

（3）人们休闲观念的转变和带薪假日的增加。随着经济发展速度增快，城市人口的生活压力随之增大，因此，乡村旅游中的田园风光、享受自然、放松身心等特点迎合了城市人口的消费心理，且国家对法定假日有了明确的支持，为城市居民的乡村旅游活动奠定了基础。

（三）泰安市乡村旅游经营模式

近年来，泰安市文旅局突出“因地制宜、社会参与、市场运作、多元经营”的方针，贯彻“一村一主题”的原则，结合泰安市10个行政区的地方资源特色和文化特点，形成了泰安市具有特色的多元经营模式。规划设计民俗体验、休闲购物、乡村度假、农事参与、乡村娱乐融为一体的乡村旅游精品路线，打造泰安市特色乡村旅游。遵循“健全、精简、分工、高效”的原则，按照现代企业制度的要求，构建了以政府为管理主体、企业为投资主体，公司、景区、农户为经营主体的乡村旅游管理模式，无论采取哪种经营模式，都是兼顾政府、企业、农户三者的利益，重点关注农民的利益，保障农民的利益不受损害，建立公平合理的利益分配机制。

第四节　泰安市乡村旅游发展问题分析

为了完成本章的研究目的，找出泰安市乡村旅游的问题所在，笔者选取了泰安市的7个乡村为调研对象，进行了数据收集和实地观察。选取研究对象的标准为泰安市旅游发展委员会专家推荐的乡村旅游发展较为优秀的地区，以及山东省指定的乡村旅游示范点。因此，泰安市里峪村、魏家庄，新泰市上豹峪村、掌平洼村，东平县南塘子村、塘坊村，肥城市刘台村被选定为本章的样本，调查对象是了解本村乡村旅游开发现状及问题的书记和村长。

实地调研于2017年3月7号开始，截至3月21日，通过对本次调查获得的数据、信息进行分析、归纳，发现泰安地区的乡村旅游在发展过程中存在以下问题。

一、过分依赖政府，村民参与的广度及深度不够

调研结果显示，多数乡村在发展乡村旅游的过程中，对政府产生较强的依赖心理，从而丧失了乡村的能动性。乡村是村民赖以生活的家

园，村民是美丽乡村建设的主体，乡村规划、环境卫生整治、植树造林、基础设施建设，以及管理养护、农业转型升级、村规民约制订、生态旅游项目等都需要农民的广泛参与。而且随着建设层级的提升，更需要当地村民的积极参与。具体表现为：①在资金方面，主要依靠争取政府资金，对社会上其他资金来源表现为不积极争取甚至排斥的态度。②当地村民的参与广度及深度不够。乡村旅游建设之初，村民参与热情不高涨，甚至做工作的过程中因利益发生纠葛。而当乡村旅游初见成效、分配利益时，往往有些村民由于参与度低很少或者没有获得利益。③在学习先进经验方面，多数为政府组织，乡村旅游相关负责人很少主动去学习、调研。原因是国外很多案例虽然是成功的，但其国情和政策与中国不同，有些做法不适合中国。以下是以政府为主导、居民能动性不足调研访谈内容：

泰安市里峪村村支书：中国台湾地区的乡村旅游大多数是政府引导，甚至是政府建设，然后包给一些中产阶级人员管理，像退伍的士兵或者是50多岁退休的工人，并不是真正的农民去搞乡村旅游，因为农民管理经验、意识各方面都不是那么全面，政府主导意味着在政策上、资金上给予了很大的支持。

泰安市魏家庄村长：当地（外出考察对象地）的旅游局深入到民间，真正地帮助你去解决一些实际的问题。用调查问卷的形式了解你们有什么建议，他们有什么需要改进的，都是解决实质性问题。

新泰市上豹峪村村长：有一部分老百姓认识不到当前的发展，他的土地、房子，他都不给你，他家有5棵树、10棵树，“我这是养老的，不能给你，10年后值多少多少钱”。

东平县南塘子村村长：以村为主体，以村委牵头去做，这就牵扯了很多问题。前期人家来投资的时候他不参与，后期人家整的好了他们都眼红了，这就出现了若干的问题。人家投资好了挣了钱了，我们还没有醒悟，钱就都让人家挣走了。村委都能理解，但是村民不能理解，说实话这就是不健康的发展，所以说这是一种排外的基本想法。

东平县塘坊村村支书：肥城市刘台村因为咱们是村集体企业，不敢跟外边的资金一块用，合了伙就很难弄，村民就不认可，怕产生误会。现在村民，你动他的东西，就得给他做好工作。

二、资金不足，缺乏持续推动力

（一）国家资金的分配方式

资金短缺，投入不足。国家在资金的分配上也存在一些问题，比如将原本有限的资金分配给较多的旅游乡村，造成了真正具备搞乡村旅游条件的地区由于资金匮乏，而导致发展动力不足。虽说乡村旅游投资相对较少，见效较快，但是在建设上规模、上档次的乡村旅游区，急需要完善基础设施建设，又需对外宣传促销，必须要有一定的资金保证。但在目前中国兴办旅游景点的热潮中，人们的投资热点是开发规模较大、资源品位较高的景区及主题公园的建设，很少有人去投资乡村旅游。以下是与乡村旅游相关的国家资金在分配时存在一些问题的调研访谈内容：

东平县南塘子村村长：各级部门虽然在发展村集体经济包括乡村旅游方面，投了很多的资金，但这批资金有撒芝麻盐的感觉，撒的面太大了，有些确实撒的比较全面，但是都是微不足道，做不了太大的事。

东平县塘坊村村支书：我用自己的钱垫了好几万了，先干着，政府的钱才过来，为什么呢？你不干，不好看，人家不敢给你钱，确实咱干了以后人家才敢给你钱，所以先干活。当初启动资金光规划设计这块就用了60万元，规划设计费，人家带走了。我们的资金从哪来呢，改宿改舍那块钱没用完，我们统一购置材料，统一给他弄得，没有把钱给农户家，一个户节省出来几千块钱，总共出来几十万块钱，拿这几十万元钱开始打造，慢慢打造。2014年和2015年受到处分，因为有几个项目不是专款专用啊。严格审计制度，你超过30万元的项目就得招投标，村里搞个5万元钱项目也得搞投标，30万元项目得上市里找平台，挺困难。

新泰市上豹峪村村长：项目（资金）不是自己找，现在有些项目，特别是镇上的领导考虑项目往哪里放，有些项目有利益方面的考虑，所以每个乡镇、每个县市区他得有个“点”啊，像工业，工业有个点，像乡村，乡村有个点，找个项目，有个好载体，但现在实际情况是没有这样的点。

（二）对外来资金的排斥心理

由于利益分配问题，造成乡村旅游管理人员及当地居民普遍存在对外来投资的排斥心理。在发展乡村旅游的过程中，涉及外来资本的利用时，当地居民往往考虑到投资方与利益方的问题，对盈利后，如何分配存在着危机意识。因此，在乡村旅游发展之初，对外来资本介入持排斥的态度。以下是与外来投资相关的调研访谈内容：

东平县塘坊村村支书：有人想投资，我不想让别人投资。打个比方，周边这些村搞拆迁，发了一部分人，但不是本村的人，可能本村极个别人，有钱的人或者是有门路的人，这些人侵占了一些集体的利益发了财，但是这种人在村集体中10%都占不到。所以剩下的人就会有情绪，给村集体埋下了不稳定的因素。老百姓穷也不怕，富也不怕，就怕不均衡。老百姓都或多或少的有一份，村里就会比较稳定。

新泰市上豹峪村村长：贷款我也没敢贷，就是不能欠账。

三、基础设施建设与软件配套不匹配

当前制约泰安市乡村旅游发展最大的问题是重视基础设施的建设，忽视了配套软件的完善。从泰安市乡村旅游的具体实践来看，很多政策制定及执行都认为美丽乡村就是村容村貌的整洁、生态环境的保护、基础设施的建设、农业产业化发展等外在形象的提升，而忽视了教育、医疗、娱乐、管理等公共服务的提高，社会保障体系的完善，农民收入的增加，以及乡风文明的提升等内涵的建设。外在建设一般立竿见影，见效明显，可视性强；而内在建设耗时较长，投入较大，见效又不明显，可视性弱。因此，造成了很多乡村的基础设施、设备有人用没人管的现象，部分新建的问题场所、绿化地、活动中心等设施被废弃闲置，造成了资源浪费。许多乡村旅游的基础设施，如道路、停车场、洗手间、工具室、客房、餐厅茶楼等都已经建成，但由于管理不善存在很多问题，如食宿设施条件差、卫生状况让人难以接受等，从而难以留住游客。

四、人才储备不足

调查结果显示，建设人才储备不足也是乡村旅游发展的障碍要素。究其原因：①缺少政府人员指导；②乡村旅游发展地区不重视人才的培养和吸引外来人才。乡村旅游是一个系统工程，涉及的内容十分广泛，政府将一项项指标进行分解，由多个责任部门承担、负责，这些部门的主要任务是制定指标的内容和标准，并进行分类指导、考核验收等。由于行政体制的原因，各部门日常事务繁忙，难以指派固定工作人员对乡村旅游的发展进行指导。①农村劳动力外流。就目前农村人力资源结构而言，农村劳动力的流出远大于流入水平。②外出务工人员越来越多，尤其是青壮年、文化程度较高人员及其他优秀人才等劳动力大量向城市转移，农村的留守人口以老年、妇女和儿童居多，专职农民比重下降，农业生产技术带头人越来越少，对乡村旅游发展的贡献度很少。在学习方式上，主要依靠政府组织的考察、学习先进经验，学习方式单一，学习上的自主能动性较差。在吸引外部人才方面，没有相应的优惠政策，所以吸引不到高层次人才。以下是人才培养方面存在问题的调研访谈内容：

新泰市上豹峪村村长：人才上还是欠缺，毕竟要把村里当作一个试点来发展很难，因为工资很低，需要干点兼职才能维持生活，如果是单纯靠村里养不起。

新泰市掌平洼村村长：管理基本上是村委，雇来的确实是好，但村民会认为：你雇别人，怎么不雇自己村里的，所以就先由两个村委领着干。

魏家庄村长：但是发展到一定的程度就不行了，光靠我们这些人的能力，能管，但是管不好。从前年开始，我们的思想转变了，现在招聘了几个大学生，把我的农产品在网上销售一下，另外学校搞旅游的实习的。我们现在是有规模但是缺少管理人员，今年也准备上好多个项目，也需要大量的管理人员，光凭我们这单一的管理模式，不创新不实际。简单的行，但是真从事旅游，包括网络上宣传上，都做得不行，差远了。

东平县塘坊村村支书：2016 年省旅游局有个每年培养 1000 名乡村旅游带头人赴韩国、日本和中国台湾学习。

新泰市上豹峪村村长：有专门的组织这一块，几个村里一块去学习去。我们在做农家乐之前，组织去烟台参观、吸取农家乐做得好的经验，对做农家乐的模式有所了解，回来做农家乐。

五、宏观管理力度不够

（一）管理机构不健全

政府在乡村旅游发展所涉及的农村社区发展、小城镇发展方面的作用没有充分发挥，协调乡村旅游与农区各项工作的职能部门没有建立，导致政府在这一方面的管理能力差，造成许多乡村旅游地出现在利益方面多头管理、各自为政；有问题无人管理、互相推诿；政府职能部门无力解决经营者的利益和游客的问题，从而严重影响了乡村旅游的顺利发展。以下是从访谈对话中提取的关于管理机构不健全的内容：

泰安市里峪村村长：我们都是偷偷摸摸的发展下来了的，因为政策不允许、土地不允许、规划不允许，各方面都不允许。十个部门有六个支持的，但是还有四个是反对的，在我们村和政府之间没有一个协调部门，再就是中国的政策需要进一步以人为本。

新泰市上豹峪村：乡村旅游开发还有个共性的问题就是土地。你现在是想承包一个项目，他不给你地，规划也不给你做。只能是村里自己协调，但是想通过一个村去协调土地的使用是很难的。很多事情具体实施起来，还是需要宏观去协调，需要一个专门的组织机构来操心我们乡村旅游的事儿。

（二）缺乏统一规划

地方在发展乡村旅游时，没有将乡村旅游资源的开发纳入区域旅游开发的大系统，进行统筹安排、全面规划，任由经营者进行盲目的投资与开发，甚至出现了遍地开花和重复建设的现象。资源开发的形式单一、水平不高、档次低下、特色不强，是导致对客源市场缺乏吸引力的主要原因。

由于缺乏科学规划与规范管理，目前，中国乡村旅游的发展普遍存在投资与经营规模小、地区分布与组织形式散、项目低水平重复设置、市场竞争秩序乱的局面。由于进入门槛相对较低，许多地区缺乏对乡村旅游的总体规划，没有对资源条件进行论证和规划，只是在原有农业的基础上稍加改动就开始接待游客，改动的结果往往是既不具备大规模观光参与的气势，也没有传统文化的乡土气息以及乡村旅游应有的氛围，特色鲜明的乡村文化资源根本没有得到很好的利用。还有乡村旅游与传统旅游景点之间也缺乏有机联系，共生性差，从而降低了对游客的吸引力。乡村旅游产品品位不高、产品生命周期短，严重地影响了乡村旅游的可持续发展。对于统一规划中遇到的问题，以下是从访谈中提取的相关内容：

东平县塘坊村村支书：没有规划，到现在我们也没有规划，都是我们村的书记在设计、规划，想到哪儿就做到哪儿。

东平县南塘子村村长：泰安市农业局委托山东农业大学给我们做了一个规划，但是最终规划的也没有条理，而且费用花销也没有通过集体讨论。在规划过程中，没有计划，很多都是临时起意，钱花的不合理。

新泰市上豹峪村村长：想干不知道从哪里下手。乡村旅游很大一部分是偏僻的地方，像是山村、古村落、古山庄，这些地方要给他定位，国家要在政策上、资金上扶持，帮助我们把基础设施建好。所以说这些问题要克服，国家的支持是很关键的。

（三）产品单一，雷同现象突出

目前，泰安市乡村旅游多集中开发休闲农业和观光农业等旅游产品，开发项目多为观光果园、采摘果园、农家乐、民宿等。许多乡村旅游活动只是“吃农家饭、干农家活、住农家房”，活动内容雷同，品味不高，产品更新缓慢，导致游客在乡村的滞留时间短，消费水平低。有些地方虽然已经注意到产品开发的参与性，但对其深度挖掘不够，活动形式过于单调，落入了“春季赏花，秋季摘果”的套路。在民俗文化旅游开发过程中，许多地区一哄而上，既无市场考察，也无自身的民宿旅游资源条件分析，结果形成了民宿资源开发无序，丰富的旅游资源未得到充分的开发和利用。以下为乡村旅游产品单一问题的调研访谈内容：

新泰市上豹峪村村长：旅游现在主要是吃饭和采摘，民宿将来要发展。

魏家庄村长：因为来旅游的人在这里购物的不多，只能说卖产品还可以。像家庭过来，他可买可不买，他不是专门来买东西的。如看苹果好，买几斤苹果，看小葫芦好，买个小葫芦。

东平县塘坊村村支书：只有农特产、湖虾湖鱼，我们养虾、核桃油等农渔特产也没有深加工。

泰安市里峪村村支书：日本重视乡林旅游，比如说樱花节，政府拿出一部分钱来补贴他们，发展旅游并不是单一的门票收入，还带动了其他方面的发展。

六、当地村民与管理者之间的纠葛

在乡村旅游发展中，各利益主体间的纠葛问题普遍存在。根据调查结果得知，大部分村民对乡村旅游发展的前景认识不充分、风险感知度较高，只重视眼前短期利益，而对长期利益没有了解。因此，在乡村旅游发展初期，想要获得当地居民的支持、鼓励村民参与有一定难度。首先，在乡村旅游发展初期，需要进行统一规划、协调，获得资金上的支持。但是，由于触动了一部分村民的个人利益，导致村民对工作的不配合。其次，在乡村旅游市场运作的利益分配格局中，由于信息不对称导致乡村旅游的收益绝大部分流入旅游开发企业的手中，而农民所获利益较少。最后，当乡村旅游发展到一定阶段，如果运营良好，村民看到了利益，但由于前期没有参与或参与度很低，导致在既得利益分配时产生心理上的不平衡、不公平。以上几点是现阶段导致乡村旅游发展过程中产生纠葛的主要原因。以下为调研对象反映的与纠葛相关的内容：

新泰市上豹峪村村长：作为普通村民，一开始看不到发展前景，感觉都是虚无缥缈的东西。村民们当时也不相信，乡村旅游能干好，我自己也不信。

东平县塘坊村村支书：困难就是怎么去调动村民的积极性。老百姓认识不到乡村旅游的好处，只看到自己手里的一亩三分地、看到你用了我的土地就得补偿我多少钱。经过一段时间发展，到 2009 年以后，村民才渐渐看到了好处，工作也好开展了。

新泰市掌平洼村村长：村民往往都是一开始不主动，甚至干扰我们工作。但是当乡村旅游火起来以后，他们才觉得这个地方好，就把自己的一亩三分地紧紧攥在手里，成为他们的砝码，太注重眼前利益。

七、营销滞后

总体来看，泰安地区的乡村旅游营销状况没有从市场营销的角度去开发，主要存在以下问题：①宏观层面的营销策划不够。乡村旅游起步晚，政府尚未对现有旅游资源进行总体策划、总体开发。尤其对乡村旅游的文化开发程度不够，缺乏特色文化内涵。②乡村旅游发展地区在宣传推广方面的意识不强，往往都是通过口口相传进行营销。由于高层次人才的匮乏，导致了宣传媒介的形式单一化。③旅游产品开环节薄弱。由于缺乏休闲、娱乐产品以及体验活动的开发，游客多为一日游或半日游，留宿过夜者少之又少。以下是与营销相关的访谈内容：

新泰市掌平洼村村长：我们有微信平台，还有新闻媒体，我们村做到现在这个样，没花过一分广告费，都是媒体宣传包括一些记者采访、记者采风，都是这样做起来的。网络推广都是依靠镇上，因为村里年轻人少，所以专业知识很少。看报纸得知，2018 年 4A 级以上景区全部网络覆盖。

泰安市里峪村村支书：我们没做过宣传，基本就是通过朋友圈、微信。电视台有时候来人，介绍我们新版《水浒传》的拍摄，还有一些电视剧，还有中央 13 台播放我们移民工程。

第五节　韩国成功案例分析

一、适意舒川郡

（一）概要

位于忠清南道的舒川郡，与西海岸和金江相连，区域内有山地资源的村庄，拥有丰富的农业、山林、渔业资源，耕地总面积为 1.3 万平方千米，出产大米和各种农作物。舒川郡共有 13 个邑，其中有 6 个与海相连，具有丰富的海洋水产资源和多样的农产物，因此地区的特色饮食文化特别发达。

舒川郡为了发展地区经济，2003 年在国内最早提出了“适意舒川”的口号和愿景。通过“适意舒川郡”，将舒川郡的历史、文化、自然、生态、农渔业资源等与生活便利设施相联系，设立了“舒适环境”和“发展地区经济”的目标。

舒川郡为打造乡村旅游的“舒适环境”，对舒川郡内的现有的自然与文化资源进行了考察与整理，通过资料研究与实地考察对舒川郡的传说与神话进行了梳理，并对舒川郡的大气和水质等环境资源进行了测定，用科学的方法保护了舒川郡环境资源的质量

可以利用的“资源”被分为“快速商品化资源”“文化产品转换可能性资源”“文化·历史资源”“视觉资源”“旅游资源化的资源”“创

意商品资源”“地区形象提升资源”“教育资源”等类别，持有资源的各部门对这些“资源”进行综合性的整合开发。尤其舒川郡的基础产业为农业，通过整合西海岸的海洋资源和滩涂、忠南的母亲河——金江等现有资源，以此来增加农业的附加价值。通过与韩山素曲酒、韩山苎麻等品牌化的特色产品相连，开发山茶花、八爪鱼庆典活动、天然扁口鱼·真鲷节、韩山苎麻文化节等节庆活动。这些具有特色的庆典活动为舒川郡带来了大量的游客，由 2002 年的 210 万人次上升到了 2003 年的 600 万人次。

（二）成功因素

“适意舒川”通过品牌化进行的价值创造是舒川郡旅游产业促进的一大显著特征。舒川郡的乡村旅游成功要素可以总结为以下 3 点：①“适意舒川”的战略很大一部分是由于舒川郡领导人的决断力和意志力。除此以外，在战略实施过程中，资源的发掘和具体项目的开发、促进体系的完备等，都是由专家与公务员的协作完成的。②在“适宜舒川”的开发过程中的“制度化”，对舒川郡的旅游开发起到了很大的作用，制度成为确保“适意舒川”持续性发展的有力武器。③明确的前景、计划的制订、专家的联合、政府的优惠政策都为“适意舒川”奠定了良好而坚实的基础，舒川郡的与“适意产业”相关企业都得到中央政府的大力援助和支持。其中，包括忠清南道援助的新活力产业“适意舒川革新营销”以及中央政府援助的“适意舒川·海鲜产业集群构建项目”。

二、韩农村庄

（一）概要

位于韩国庆尚北道蔚珍郡西边的王避川“韩农乡村”，是韩国国内最早的乡村旅游成功案例。韩农乡村属于生态景观类型，以绵延 68 千米的“王避川”为中心，由周围的 12 个自然村落组建而成的。1994 年，在王避川创建了“韩国农村北部青年会”。以此为契机，1995 年起，落成了“韩农天然农作微生物实验室”。1996 年，建立了由国内 10

家单位组成的有机农业园区，并完成了其法人化。2002 年，“石头王国韩农复建会”创建并在农林部进行了法人登记。2005 年，大力推进“风力·太阳能新再生能源园区”的落成。此时，蔚珍郡和青松韩农乡村被农林部评选为“绿色农村体验村庄”。以王避川为中心形成的韩农村庄，现今有 900 余名村民，坚持无农药、无除草剂、无化肥的三无农业，生产有机的农产物。1994 年，韩农委员会迁移至此。在开垦和耕作劳动开始后，人数由极少数增加到了 350 多人。

（二）发展目标

村子的发展目标：①为了发展可持续农业，地区内的资源应循环利用，保存生物的多样性、完整性，研究、开发与这个地区的土壤和气候相适宜的种植体系。②由传统的务农方法，转向现代化的 BT 技术、有机栽培技术。③使用可以代替化学合成肥料与农药的有机肥和有机农药等，切实解决农户的现实问题。

（三）管理

在韩国，有机农业大致分为有机农业和有机畜业两类。王避里村将畜产用类资源化整合中心与游客的学习体验场地进行有机的结合、连接组成，王避川作为韩国国内最大的有机农生产园区，是农林部援助的亲环境农业园区；蔚珍郡指定的有机农园区示范教学基地和绿色农村体验乡村、新再生能源园区；环境部指定的生态环境保护区。韩农乡村是由多个部门集成的一个网络化的产业促进系统来管理，效率较高。

（四）产品

在栽培的有机农作物中，农产品、加工品、亲环境工业制品等都可以通过电商进行销售。在 2005 年举办的“世界亲环境农业展示会”上，有机农耕中示范葡萄是韩农乡村的技术小组直接运营，而且韩农乡村在蔚珍郡制订了一条亲环境农业现场的观光路线。在王避川的韩农教育馆和韩农广告馆里，可以了解有机农的历史和现状，还可以品尝无化肥、无添加剂的有机农作物为原料做成的菜肴。除此以外，阳地村有大型肥料发酵场地、蚯蚓粪便生产场地、有机养鸡场。矩野村畜牧园区有国内最早的有机韩牛示范园地，每个村子都有塑料大棚，一年四季保证产量。任光道村为了培养有机农接班人开设了天然农业大学。本部村进行的有机农水稻栽培和亲环境生活污水净化设施等体验要素，吸引全国消费者和生产者到访。

（五）成功要素

王避川乡村旅游最核心的成功要素就是体系化的运营和因地制宜。

（1）在乡村旅游的运营上，农耕文化的共同体特性体现的非常明显。村子的住民联合耕作，收获的农作物采取共同分配的形式，以此种方式运营。农户附近的空闲地可作为包装和销售产品的地方，成为个人收入来源的一部分。

（2）为城乡交流举办庆典活动成为乡村旅游发展的核心概念。王避川的有机生态农业最重要的就是食品安全，以安全性为基础生产健康食品的三无农业为主要吸引力，但比这个更重要的是管理运营的技术。以有机农大型庆典活动为平台，通过多种多样的娱乐项目达到城乡交流的目的。

（3）村民们之间有强烈的共同体认识，认同适合地区自然环境的亲环境农业。王避川积极地导入亲环境性的传统农作方法和三无农业，打造了适合亲环境农作物的土壤，不仅享有天然良好的自然环境，而且具备可持续发展的农业体系，以及将有机农产品向旅游产品转化的经营思路。

三、新里木片瓦村

（一）投资

1. 人力资本

新里木片瓦村最重要的人力资本是从 2003 年开始参与农村体验旅游产业的 56 家农户，共 120 人，但大部分都是 67 岁以上的老人。现今村子的领导是 3 年前当选的里长，曾经在城市生活过 11 年，又回到了乡村。进行情报化乡村管理的人事是 5 年前来到这个村子的，事务长是几个月前随父母来到这里的。

这个村子中年和老年占人口比例较大的，因此在进行旅游体验产业以前，都要对村民进行教育在一年一次举行的决算总会上指定第二年度的教育费用。除此以外，为了发展适合山村地区的亲环境产业，当地村民进行了专门学习。迄今为止，在大学里学习相关专业的毕业生已有16名。而且，为了对当地村民施行“思想教育”，村民每年都要访问体验产业先进的村庄。

2. 财政资本

为了发展体验产业，初期的投资可以分为农户个人投资和共同投资两种。农户个人投资主要是为了体验而进行的房屋修建、农作物相关设施的建设等。共同投资主要是政府或地方自治团体的资金调配，主要有支援金、奖金、物品等。

根据对这个村子的村民进行的调查显示，资金在发展乡村体验旅游的过程中并不是最重要的因素，村民对财政资本的投资的看法是保持中立的，而不是把它看作最为重要的。

（二）场所性资本

乡村的场所性资本包括石板瓦房2座、水车、脚踏碓、幻仙窟、海神庙公园，以及村子周边层层叠叠的山峦、保存完好的动植物生态圈，还有当地有名的山葡萄、玉竹、山葡萄酒等丰富的资源。为了满足游客的体验，乡村专门根据季节制订了不同的体验项目（见表7－1）。

表7－1　体验项目

季节	体验项目的种类	其他体验活动
春	摘菜，磨豆子	家畜照料，舂米，种地，豆腐制作，养生花茶制作，瓦片房制作等
夏	河边水仗，水车，夜钓，烤玉米和土豆，凤仙花扎染，捕鱼	
秋	枫叶观赏，年糕制作，采蘑菇	
冬	冰上雪橇，爬犁，火炉文化体验，稻草文化体验，雪鞋制作	

资料来源：舒川郡厅（2010）。

（三）管理体系

1. 团队精神

村子里团队精神离不开各种重要的事件。其中有两件事值得介绍一下：

一是2003年，这个村子得到了5亿韩元的援助金，用于发展乡村经济。此时村子的人分成了两派：一派是由年轻人组成，他们主张按照传统的木瓦片房的样子，在村子里建造木瓦片房，对乡村进行改造。另一派是由老年人组成，他们主张建造砖石房子，并将房子租给来村里体验的城里人。这两派观点不一致，使得村民间的矛盾一度白热化。后来，当时的里长出来，让老年人们回心转意，由此开始全体村民开始齐心协力建造木瓦片房，在此过程中，没有专家的帮助，村民们只能互相商量着干，经过一年的实践，第一座木瓦片房建成了，这座木瓦片房成了后来建造木瓦片房的示范。而在这一年建房的过程中，村民的团队精神也达到了顶峰。

二是木瓦片房建立起来以后，开始在全国宣传，慕名而来的游客越来越多，村子也因此积累了许多资金。从这时起，有些人渐渐有了要把这些资金平分的想法。2005年和2006年2年期间换了4届里长，此时乡村内部的纠葛已经开始白热化。2006年11月，现在的里长被选举出来。为了促进村里的团队精神，他实施了一系列措施。最开始，他实施了3天2夜的元宵节庆典活动，而且定期举办“村民和解日”，在和解日村民一起举办宴会。结果村里的团队精神慢慢开始恢复。

2. 创意

木片瓦村比较有创意的一项活动是利用花龙树的树皮来做相框。来村里的游客可以把在现场拍的照片利用树皮来制作相框，并在上面写字或者作画。对于游客来说非常有意义，人气很高。

村子创意性发挥的另一个例子：木瓦片村虽然没有“信息化乡村”的申请资格，但是在2002年递交了申请书。当时主管部署是行政自治部，“信息化乡村”为了帮助信息化落后的乡村实施的一个对策。当时的条件之一“乡村必须有超过100户”，但是木瓦片村的人口没有达到标准，因此没有通过审查。但是木瓦片村却发挥自己的创意性，将观光体验与信息化乡村相结合，以此为基础递交了第二次申请。这一次，审查委员由于他们有创意性的构思给了很高的分数，因而木片瓦村被评选为“信息化乡村”。

3. 电脑操作能力

2002年11月被评选为信息化乡村以后，在村里设立了信息中心。2003年2—9月期间，完成了村子主页的设计制作。迄今为止，每天有超过5000名的访问量，村里共有56户人家，其中有36户拥有电脑。并对村民进行Windows、Word、Internet等信息化教育。

4. 社会网络化（Networking）

木片瓦村的社会网络化体现在两个方面：①乡村居民内部之间的社会网络。居民通过网络互相帮助，并把握最新状况。②是村民与城市居民之间的社会网络化。城市居民通过与村民的直接联系，预定特色农产物；村民则直接为城市居民配送商品，实现盈利。

（四）可持续发展的成果

1. 投资收益

乡村的投资收益有两方面：①共同运营的体验设施、住宿、餐饮等收益；②村民通过经营民宿而来的收益。由于到访游客都是首尔周边的人，距离较远，所以再访问的比例约为20%，因此木瓦片村的村民有招揽新顾客的倾向。2005—2008年的销售额如表7－2、表7－3所示。

表7－2　到访人数与销售额

类　别	年　份			
	2005	2006	2007	2008
到访人数（人次）	18306	21136	17040	22171
销售额（千韩元）	181064	233434	265665	237685

表 7－3　销售额构成

单位:%

住　宿	餐　饮	农产品	体验项目	其　他	合　计
19.9	35.5	6.3	10.6	27.7	100

2. 地区发展

作为公共产业的一部分，2003 年山葡萄被指定为当地特色农作物，开始种植山葡萄，2004 年育成山葡萄林，2008 年度国税厅和地区品评会为这个村子颁奖，2009 年获得了红酒品评会的金奖，成为江原道一块响当当的金字招牌。体验产业开始以后，从事共同经营的乡村居民日收入男子为 7 万韩元、女子为 3.5 万韩元，从事餐饮业的村民平时每天 4 万韩元，旺季时可以达到 5 万韩元，家庭收入持续增长。

（五）再投资

新里木片瓦村为了获得再投资，将公共收益做了规划，构成了再投资的资本：①乡村里共同经营的餐厅、客房等通过运营获得的收益；②农户运营的民宿和其他体验性项目的收益中 10%；③政府和其他组织给予的资金作为辅助性资本。

乡村的再投资主要利用在以下几个方面：①乡村内人才培养是再投资资本的主要应用领域，在年末的集体会议上，最先把用于培养人才的教育费用确定下来。②如果村子里公共设施的建立、维护等需要再投资，要通过运营委员会和执行委员会的决议实现，以此来确保乡村居民的集体利益。根据统计显示，再投资用于人才培养的最多，其次是基础设施的维护和新设施的建立，最后是共同基金。

第六节　对泰安市乡村旅游发展的启示

一、加强宣传和目标共享，调动村民参与

发展乡村旅游的目的是为了提高地区人民的生活水平和生活质量，

当地居民是发展乡村旅游最终受益者。因此，应当把村民参的积极性调动起来，提高村民的参与程度。通过调研发现，在乡村旅游发展初期，村民对乡村旅游的认识不够，对乡村旅游的发展前景抱有怀疑态度。针对这种现象：①应该加强宣传动员。宣传的方式不仅要通过区、镇级政府召开村两委、村民小组长、村民代表会议，结合乡村旅游建设的实际情况，将宣传栏、宣传册、广播、微信公众平台等多种渠道有效充分的利用起来。②将乡村旅游的规划、预定实现目标等与乡村旅游发展规划相关的信息、情报，宣传共享给村民，降低村民对乡村旅游发展的风险感知度，提升村民对乡村旅游的信心。让村民了解发展乡村旅游的目的、意义、措施，从而使村民积极主动参与到乡村旅游发展中来。③通过筹资筹劳的方式，拓宽和加深村民的参与度，调动农民的参与热情，达到互惠互利的目的。

二、多渠道获取资金

（一）资金获取渠道的多样化

调研结果显示，在乡村旅游发展过程中过度依赖政府资金，对其他资金来源渠道要么不关心、要么有排斥心理。但是由于泰安地区乡村旅游处于初步建设、发展阶段，需要大量的资金投入，因此乡村旅游的发展不能仅仅依靠政府资金支持，而是应该通过合理有效的方式整合多种资金来源，为乡村旅游的发展提供强劲动力。

（1）政府主导的财政支持。随着旅游产业的高速发展，国家对旅游的投资增长呈现一个递增的趋势。中国的乡村旅游起步虽然较晚，但受到了政府的高度关注，逐步出台的一系列优惠政策，为乡村旅游的发展提供了很大的支持。尤其是针对一些资源好、有发展前景的乡村，政府给予的金融支持较大。

（2）银行主导的信贷支持。由于乡村旅游发展起步晚，泰安市大多数的乡村旅游还处于基础设施建设阶段，对资金的需求量较大，而随着乡村地区旅游产业的快速发展，银行无论是在资金上还是政策上都对乡村旅游发展的给予优惠。比如说降低利息、提高小型农家院的建设，还有的银行开通了旅游行业金融交易绿色服务平台等。但是乡村旅游的资金缺口大，还需要银行加大对乡村旅游的支持，帮助解决资金问题，促进乡村旅游的发展。

（3）一些大型旅游公司的资金投入。随着乡村旅游的逐步发展，越来越受到大型旅游公司的关注，而他们的资金投入必然会进一步推进乡村旅游的发展。例如一些酒店服务公司和景区公司也开始涉足乡村旅游产业，进一步完善了乡村地区旅游景区的服务水平。

（4）吸引村民进行投资，让村民加入到乡村旅游的发展中来。村民投资不仅可以提高村民的参与度，也可以在一定程度上解决资金难的问题。

（二）壮大乡村旅游收入

通过案例分析可以看到，韩国的乡村旅游在进行再投资时，政府的资金支持只占其中一部分，通过合理经营而获得的公共收益可以用做乡村旅游发展的再投资。通过共同经营的餐厅、体验项目、民宿等，可以将收益的一部分用于乡村旅游人才培养、公共设施的建设和养护等多种用途。泰安市乡村旅游建设地区应该通过盘活土地资产、存量资产、发展旅游项目等手段来壮大本村集体经济，增加财政收入，将部分收益用于乡村旅游的再投资。

三、软件配套设施

（一）管理制度体系的健全

首先，乡村旅游基础设施初步建成以后，由于管理制度不完善，很多基础设施都被破坏或者荒废。所以应该加强管理，保证已经建好的基础设施正常运转、使用、维护及维修。比如有些乡村的信息服务中心，虽然基础设施已经完备，但是却利用不起来，处于废弃的状态。其次，村民参与乡村旅游发展的积极性，在很大程度上与管理制度体系的不完善有关系。通过健全民主与公开制度，按照民主程序，在决定重要事项前，须通过会议进行审议，充分尊重村民意见。

（二）配套服务的完善

从调研结果来看，泰安市乡村旅游的建设更加注重旅游相关设施的建设，比如民宿、农家乐、体验项目等。而对于公益性配套服务，如教育、医疗、娱乐等公共服务等没有重视起来。乡村旅游的最终目的是为了提升村民的生活质量，乡村里不仅需要发展旅游所需的基础设施，更需要提升老百姓生活品质的配套服务设施。因此，在基础设施已经初步建成的乡村里，应该进一步完善医疗卫生、文化教育、社会保障、娱乐等公共服务建设。

四、人才培养

（一）加大对人才培养资金的投入

泰安市的乡村旅游，最重视的还是基础设施的建设，而忽略了人才培养，从而造成了虽然有一定规模的基础设施，但由于管理、运营不当，收入低，难以实现可持续发展，乡村经济难以壮大，人民的生活质量难以提高，形成了一个恶性循环。在乡村旅游发展过程中，必不可少的是人才。如果没有人才，乡村旅游的发展必然要走弯路，发展效率低下。通过学习韩国成功的乡村旅游经验，发现成功的乡村旅游非常重视对人才资金的投入。在资金的再投入中，占比最大的一项就是对人才的培养。因此，泰安市在乡村旅游发展过程中，应该重视对人才培养的资金投入。

（二）专业化的学习方式

调研结果显示，在乡村旅游发展过程中主要通过参观，去学习其他地区或国家先进的经验。通过参观的方式获取的先进经验，容易造成“依葫芦画瓢”的后果。而旅游是一个系统化的大工程，每个乡村的资源、现状、制约条件都不尽相同，需要更加深入地学习一些系统化、专业化的相关理论知识。从案例分析中可以看出，韩国发展乡村旅游的地区，动员、引导村民去专科大学深造、学习与旅游相关的系统化理论；

此外，通过培训课程提升村民操作电脑的能力，保证乡村旅游信息化的实现。

（三）人才制度的构建

现阶段，泰安地区的乡村人口流失问题严重，在家务农的往往都是老人和妇女，年轻人和高层次人才都流向了城市。村里应该尽快建立吸引人才的制度，完善人才的培养、使用、扶持、服务等方面的优惠政策。促使人才服务农村、扎根农村，为乡村旅游的发展提供智力支持。

五、加强宏观管理力度

泰安市政府应站在宏观的角度，总揽全局，高起点、高标准、高质量地制定具有特色的美丽乡村建设规划。①加强顶层设计。对全地区各村乡村旅游的实际情况展开全面普查，在普查基础上，对普查结果进行统计、整合、分析。最后，与科研机构或高校合作，对乡村旅游从市级高度对泰安地区的乡村旅游做出完整的规划设计，出台指导性文件。②加强乡镇规划管理和衔接。要求各乡镇做好本镇美丽乡村建设规划的编制、审批、修编、监督管理工作，严格依据规划指导各项建设活动，维护规划的严肃性和连续性。做好统筹美丽乡村建设规划与经济社会发展、土地利用、环境保护等规划，并做好与泰安地区规划的有机衔接。③分类指导、编制村级规划。要求各乡镇进一步明确中心村和一般村，制订相应的村级规划实施方案，做到建设遵循规划。④努力实现城乡公共资源均衡共享。泰安市政府在安排基础设施、公共服务设施建设时，应注重向农村倾斜，促使学校、医院、商场、酒店等设施在农村落地，实现城市与农村公共资源的有效衔接，各类基础设施、公共服务设施能全面服务全区城乡居民。

此外，在旅游产品的开发上，泰安市政府应该承担智囊团的角色，给乡村旅游的产品进行特色定位，避免重复开发、产品单一。泰安市的乡村旅游资源比较丰富、具有代表性，比如东平县的东平湖与水浒文化、泰安市大汶河与大汶口文化、肥城市万亩桃林与桃木雕刻民俗等。

但是乡村旅游发展确实有旅游产品雷同的情况，产品形式单一，对游客缺乏吸引力。另外，现在发展乡村旅游的管理者大多是村级领导干部，在旅游产品的开发上欠缺经验。因此，政府应该结合当地的特色文化，对旅游产品的开发进行宏观规划、定位，从而促进主题特色鲜明的乡村旅游的发展。

六、规范村民行为

（1）完善监督机构。村务公开、民主管理，是农村基层民主政治建设的基础。通过成立村委会，发挥村民代表的作用，以促进村务公开、维护农村社会稳定，规范管理人员的行为。

（2）政府应发挥作用，指导乡村制订约束村民行为的规范。在乡村旅游发展过程中，由于利益分配问题产生了村民之间及村民与管理者之间的纠葛，成为发展乡村旅游的障碍。针对这种现象，市政府与村委会应制订符合发展实际的相关规范，用以约束村民的不当行为。村镇应以法治、德治、自治相结合的治理机制为抓手，围绕村社区治理工作重点，在村里推进村规民约的修订完善工作。村民参与制订、修订，干部带头执行，初步实现村民自治和自我管理，促进实际问题的有效解决。

七、营销体系的建立

通过调研发现，泰安市乡村旅游发展地区普遍缺乏营销意识，往往都是被动营销，通过政府的宣传来扩大知名度。泰安地区的乡村应该树立主动营销的意识，扩大自己的知名度，吸引更多游客前来消费。营销时应该注意以下几点：①要了解目标市场。乡村旅游的目标市场多数为城市居民，了解城市居民来乡村的需求及对乡村旅游的期望，并以此为基础完善自己的硬件设施与软件设施。②乡村旅游的发展要有区别于其他乡村的特色主题。特色主题等于给乡村旅游做了定位，乡村的资源是有限的，不可能无限地满足所有市场。做好特色定位、市场定位，有利于将有限的资源进行合理的分配。③宣传方式应该是多元化的，通过对韩国乡村旅游的考察发现，绝大多数乡村的营销方式都是线上线下相结合。除了政府支持下的主流媒体宣传以外，乡村大都有自己的官方网站，潜在消费者可以通过官方网站了解乡村旅游的信息、进行预订、与其他游客互动等。泰安市的乡村旅游也应该线上线下结合，尤其要充分利用成本较低的互联网与移动互联网，打造线上营销，比如官网、应用APP、与 OTA 的合作等。

第八章　研究的结论、对策及展望

第一节　研究结论

社会资本是一种基于人与人之间关系网形成的资本，根据积累的水平不同，表现为地区间经济发展、教育水准、政府及组织成果、矛盾解决能力的差异，因此在许多研究领域关于社会资本的文献较多。在现有研究中，通过对地区间、国家间形成的社会资本进行对比，发现不同的国家和地区间形成的社会资本有所差异，且社会资本带来的效果和作用也是不同的。但是，现有文献存在着一些局限性，即在对社会资本进行比较时采用的方法存在着局限性，没有对社会资本的差异及对其成果作用的差异进行实证分析，只是基于文化差异对差异性进行了推测，停留在初级阶段；对社会资本及其作用的说明不够系统化。因此，本书的研究目的有以下两点：①将社会资本进行分类，即对桥梁型社会资本与团结型社会资本在地区旅游开发成果中的影响进行实证分析；②社会资本对旅游开发成果的影响随着区域社会文化倾向的不同而产生差异，即验证文化倾向的调节作用。

本书对社会资本、旅游开发成果、社区文化倾向的相关理论进行了考察，并对三者之间的关系进行了实证研究，具有重要意义。通过对假设的验证，确认社会资本对社区旅游开发成果的影响，而且社会资本对旅游成果的影响存在地区之间的差异，社区的文化倾向存在着差异，这将成为今后以乡村为单位的旅游开发在经济、非经济方面成果的重要基础资料，以便形成和促进乡村共同体的社会资本。同时，在旅游开发过程中，考虑到社区文化的走向，为社区成果最大化提供了线索。运用霍夫斯泰德的文化维度理论，查明了社区之间的社会资本与旅游开发成果之间的关系。即由于地区间文化背景不同，汉族和维吾尔族的社会资本对社区旅游开发成果影响有所不同。同时，将出现这种差异的原因，从霍夫斯泰德文化维度理论的构成要素——个人主义倾向、集体主义倾向、不确定性回避倾向等三个角度进行了系统性的实证分析。

一、社会资本对旅游开发成果的促进作用

确认了团结型社会资本及桥梁型社会资本与社区旅游开发成果之间的因果关系。在旅游领域中，社会资本的两个类型对旅游开发的经济性成果和非经济性成果都有积极作用，团结型社会资本和桥梁型社会资本对社区旅游开发成果的影响有所不同。

二、社会资本的形成及其效果差异

在现有研究中，社区的社会资本形成有所不同，社会资本的效果也出现了差异。本书对现有文献中推测的地区间社会资本不同影响作用的原因，即文化差异原因，进一步进行了实证研究，系统分析了文化差异在社会资本对地区旅游开发成果的影响起到的调节作用。

三、文化差异的调节作用

本书的问卷调查对象汉族和少数民族在个人主义倾向、集体主义倾向及不确定性回避倾向上存在差异。通过这一点，霍夫斯泰德文化层面理论的构成要素——个人主义倾向、集体主义倾向、不确定性回避倾向等，在社会资本对社区旅游开发成果的影响中存在的调节作用进行了验证。

第二节　对策建议

通过本书的定量分析，可以总结以下启示。

一、构建社会资本，推动乡村旅游发展

（1）以行政村为单位的小规模旅游开发事业在经济方面取得成就，需要村庄运营的共同体组织。另外，还需要与共同体组织以外的人员建立联系网，组织成员之间互相信任、团结，制定促进村民积极参与的政策。特别是在中国，团结型社会资本比桥梁型社会资本在乡村旅游开发中产生更高的影响力。因此，组织内成员之间的信任、交情、信息和资源的交换显得十分必要。

（2）个人主义倾向越强，社会资本对地区旅游开发成果的积极影响就越大。在本书中，个人主义倾向包括竞争、成就感、独立性等要素。根据本书的分析结果，想让乡村旅游开发成果实现最大化，需要引导村民通过适当的竞争取得成就并得到实惠。

（3）本书中不确定性回避倾向在社会资本对地区旅游开发成果的影响中也起到了调节作用。不确定性回避倾向越高，团结型社会资本对地区旅游开发成果的影响就越大。这就证明了村民对稳定、规则、专业知识的重视。因此，乡村的相关负责人应努力营造一个安全、有纪律的环境，需要培养旅游开发及其相关的专业人力资源。

二、加强顶层设计，各部门互相协作

（一）统筹规划，合理布局

政府规划乡村旅游发展具有举足轻重的作用，乡村旅游产业要实现特色发展，离不开政府的统筹规划。政府要以市场需求为基础，贯彻乡村旅游发展新理念，打造乡村旅游新品牌，塑造乡村旅游新形象，引导全区乡村旅游创新发展。坚持旅游规划在先，发挥规划的作用，切实认真地执行规划。

政府统揽全局，把乡村旅游列为重点项目、“一把手”工程，是扶贫攻坚、乡村振兴、创建国家全域旅游示范区等重点项目的有力抓手。坚持规划先行、统筹考虑、科学谋划，对旅游发展布局进行优化。重视

调研，进行乡村旅游开发前，应对开发地的区位条件、资源优势、市场客源等进行明确的定位，注重均衡发展。根据乡村旅游开发地的资源条件，制订适合其发展的方案。如有散落、孤立的景点，应制订方案将其有机串联起来，串珠成链、连线成片、交织成王、布局精当，形成区域内各具特色的旅游目的地。

（二）各部门之间的合作

乡村旅游的发展是涉及多领域、多层次的系统工程，并不是单独一个主管部门凭一己之力就可以完成的，需要政府给予高度重视，多个部门进行相互联动、配合，共同去推进乡村旅游的建设。例如，在乡村旅游发展过程中，普遍涉及农业、交通、文化、宣传、规划、国土等多个部门，只有这些部门共同参与、齐抓共管，才能达到有效利用资源，形成统一领导、部门协作、运转有序的管理机制。

三、推进第一、第二、第三产业的融合发展

针对生产主体，先进的生产技术能够提高企业生产力，从根本上提高企业生产效益。对于乡村旅游经济的发展来说，由于受到思想观念、资金等因素的限制，导致企业生产技术提高的滞后。有些乡村旅游在发展过程中，仍然采用一些老旧的生产方法，虽然在一定程度上保持了乡土特色，但就效益来说，明显比不上先进的生产方法。因此，涉及生产环节的企业应该培养创新思维，敢于尝试新技术；合理投入资金成本，更新机器；积极参与市场竞争，让市场来促使生产者革故鼎新。

乡村旅游经济发展涉及第一产业和第三产业的融合，在发展过程中也要从产业融合的角度去思考，第一、第二、第三产业融合发展可以分为产业渗透、产业交叉、产业重组，乡村旅游经济的发展更多偏向于产业交叉。产业交叉主要是指产业间的延伸融合，即通过产业间的互补和延伸，实现产业的融合发展。

在乡村旅游经济中，旅游产品和旅游地区特征是第一产业的重要

体现，旅游服务和商品销售属于第三产业的范畴，其中，还涉及基础设施建设、景区建设等第二产业的内容。强调发展乡村旅游经济，必然要协调第一产业、第二产业和第三产业的发展，理顺三者之间的关系。具体来说，一方面，加强第一产业和第二产业的融合，将农产品的生产、包装、运输等环节融入到第三产业中去，有意识地加快物流行业的发展；另一方面，促进第二产业和第三产业的融合，对于大型基础设施的建设，要以服务性设施为辅助，协调各方面关系，最终达到产业融合。

四、加大投资基础设施建设，适应旅游市场需求

在乡村振兴背景下，乡村旅游的发展应适应大众化旅游发展的需求，加大投资旅游基础设施和公共服务体系项目的建设，促进交通便利、设施便民、服务便捷，主动适应旅游大发展的需求，重点推进道路、停车场、厕所、游客中心、交通标示和 WiFi 全覆盖，进一步提高乡村旅游景区的服务水平。

增加交通工具种类，让游客出行更便捷。按照“一体化、快捷化、无障碍”的标准，应该解决可进入性问题，习总书记对建好“四好农村路”的指示，为乡村基础设施建设指明了方向。一个地区的发展离不开交通的发达，交通的发展应该从以下两方面进行规划。

（1）依托乡村旅游点分布的区域化特征，建设区域公共交通体系。以现有旅游基础设施建设为基础，探索乡村旅游点分布相对集中的区域，开设区域之间的乡村旅游点的公共交通线路。既可弥补乡镇到乡村的公共交通出行的不足，也可满足当地居民的出行需求，降低运营成本，提高乘坐率，又可以作为区域之间联动的乡村旅游点线路，提供更加安全和绿色的公共交通出行方式。另外，合理增设免费休憩设施，提升游客游览与体验品质，尤其对厕所、垃圾桶、座椅等其他基础设施需要进一步完善。

（2）充分利用现代媒体，构建信息交流平台。随着经济发展与科

学技术的进步，传统的信息交流方式已经无法适应市场需求，因此，搭建现代媒体信息交流平台具有重要意义和作用。信息交流平台既是连接乡村旅游目的地与游客之间的桥梁，也是连接各个乡村旅游目的地之间的桥梁。①游客可以通过现代媒体信息交流平台获取出游的相关信息，影响潜在游客的购买决策、购买体验、制订游览计划等，对提升品牌竞争力尤为重要；②各乡村旅游目的地可以通过搭建的信息交流平台进行资源和信息的共享，对乡村旅游的总体规划、特色把握、整合资源等都有良好的促进作用。

五、加强产品开发，发掘乡村特色

乡村旅游经济中的产品既包含了有形的实物，也包含了无形的"服务"；既有价值，也具有使用价值。开发高品质差异化明显的产品，增加了有形商品的价值；提升从业人员的个人素质，增值"无形服务"。

创新旅游产品，提升商品质量。积极创新旅游产品可以从以下几个方面考虑：①在产品种类上，经营者要积极学习有关经验，不能一味跟风。要充分利用好互联网，积极听取游客的意见和建议，在餐馆内部设置意见簿。②大力发展民宿行业。在历史古村落、自然环境优美的村镇中发展民宿行业，古镇独有的古香古色的生活气息、环境优美的村庄，让游客愿意停留在这一环境中。③加强文化内涵建设。要善于借助本土文化，在保持乡村本土特色和保护乡村传统文化的基础上，加强文化内涵建设，既让乡村旅游产品富有特色，又可以让游客在文化体验活动中了解乡村旅游产品。

结合本土实际，挖掘乡土特色。旅游产品特色不突出是乡村旅游经济发展的短板之一，要挖掘特色产品种类，增加当地的农产品市场，对土鸡蛋、绿色蔬菜等产品放宽市场准入。乡村旅游经济的发展是在供给与需求这一基础上进行的，只有深入了解游客需求，商品生产者和销售者才有方向和目标。企业可以通过市场调研、聊天、咨询、提问等方式了解游客需求。除此之外，也可以邀请专家指导商户进行市场调研，并开展市场培训等，通过多元化方式去了解游客需求。

六、挖掘乡村特色，打造旅游品牌

乡村旅游可以通过促进产品与区域内其他旅游资源和景点的结合，形成资源互补的复合型旅游产品，深度发掘具有影响力和标志意义的旅游产品，树立大品牌观念。同时，要明确产品功能定位，加强产品形象设计，用品牌吸引市场。具体可以考虑以下两个方面：

（1）政府通过指导、引导，根据各乡村不同的特色，开发主题型旅游产品，将与该主题相关的各类旅游资源运用到产品设计中去，力争让乡村旅游的发展形成特色鲜明、布局合理、结构优化的优势，在旅游竞争市场中脱颖而出。特色决定产品的市场半径，独具特色、个性鲜明的产品能够吸引到更远距离的游客。

（2）对于资源现状不突出的农村地区，就要没亮点去找亮点、没资源借资源，突出不同特点，张扬个性，这样才能吸引游客。例如，可以通过元素凝练，塑造主题 IP。围绕 IP，延伸出独特的乡村景观、休闲项目和特色活动，以此形成主题感极强、妙趣横生的休闲乡村。

七、促进交叉融合，延伸产业链条

旅游属于交叉性产业，具有较强的融合能力，关联产业多达 110 个以上，覆盖了第一、第二、第三产业。旅游产品的开发离不开各个产业要素的支撑。要充实旅游的丰富程度，最终要延伸和辐射至丰富而多元的业态，这就涉及“食、住、行、游、购、娱”和“商、养、学、闲、情、奇”等各大旅游要素及拓展要素。只有旅游目的地项目内容丰富多样，游客才有更多兴趣进行体验和品味。

近几年，“旅游 +”融合发展模式备受关注。延伸景区产业链，将交通业、建筑业、制造业等更多产业与旅游需求对接，使景区走向产业聚集区。旅游 + 农业，向生态涵养、观光旅游、休闲体验、文化传承等多功能拓展，高水平开发一批兼具“土、野、俗、古、洋”高水平的乡村旅游项目，积极培育新业态产品，建设独具特色的乡村旅游示范区。

充分挖掘、展示本地特色美食，挖掘饮食文化。以方便美观为基础，科学设置游客餐厅，以卫生安全为首位，优化景区餐饮环境，提升服务质量。适度布局配套齐全的农家乐，引进知名餐饮业，吸引不同消费群体。积极推进宾馆酒店品质提升，不断提高住宿接待能力和水平。扶持、规范民宿建设和经营，建设精品民宿、乡村度假酒店、乡村露营地等，打造影响大、知名度高、信誉度佳的品牌民宿集聚区。加强对乡村特色旅游产品的开发，对商品进行包装策划，打造旅游伴手礼，拉动乡村旅游业与农副产品加工、手工艺术品、商贸产品等的互动发展，构建多元化、多层次的乡村旅游产品体系，进一步延伸乡村旅游产业链。

八、注重人才培养，优化服务体系

在乡村旅游的发展过程中，需加强人员培训，提高乡村旅游的管理和服务水平。①加强对从业人员旅游管理和服务知识的培训，把先进的旅游服务理念引入经营管理中，使从业人员掌握规范的服务和营销技能，提高乡村旅游的服务质量和规范化运作水平。②加强经营人员跨文化能力的教育，使之了解农耕渔猎文化与都市文化区别，以及两种文化的精髓与互补之处，更好地满足游客需求，提高旅游吸引力。具体措施如下：

一是加强从业人员培训，培养造就懂农业、爱农村、爱农民的人才队伍。旅游产品需要人来生产加工，要把服务劳动这一商品生产好，加强从业人员培训非常重要，在同样的竞争条件下，从业人员的服务质量高低及其素养影响着游客满意度，甚至影响乡村旅游经济的发展。对从业人员培训的现实意义在于提升经营管理人员的服务管理水平，加强对从业人员的培训，这是促进第三产业发展的重要措施。

二是在旅游点设立功能齐全的旅游咨询服务点，主要场所设立标志，力求图形规范、视觉效果良好，个旅游点建立完整的旅游导览系统，体现地域特色，以此优化旅游服务体系，并向游客呈现异质化旅游环境，增强其体验性。各乡镇加大对旅游公共服务的投入，加强各类旅游公共服务中心、服务驿站建设，构建信息化、智能化旅游服务网络，为游客提供及时、便捷、周全的服务。各景区借助网络和科技手段提升服务水平，积极搭建以旅游大数据决策分析、综合管理、移动端 APP、微信公众号为主的智慧旅游平台，为不同需求的人群提供智慧旅游、智慧管理、智慧营销等服务。

九、坚持绿色理念，促进资源整合

（1）合理规划自然人文景观资源。合理规划景区资源对乡村旅游发展大有裨益，对于有人文景观的景区，相关部门要加大对文物古迹的保护力度，合理利用历史文化资源；适度开发自然景观，巧妙地将自然景观与人文景观有机结合起来。应该把促进自然、人文景观资源的融合作为着力点，针对游览的景观，政府有关部门应做好实地调研，大致了解游客的期望，努力满足游客的游览需要。

（2）把绿色发展作为乡村旅游经济发展的方向。绿色发展理念是五大发展理念的核心内容之一，把绿色发展理念贯彻到乡村旅游经济中，首先是倡导绿色交通出行方式；其次是处理好生态环境保护和经济发展的关系，规范景区垃圾处理流程，合理规划景区内部污水处理及油烟排放。

（3）建设生态宜居、乡村文明景区。乡村旅游因其地理位置和旅游内容的特殊性，在保护生态环境、传播文明乡风方面有其难度。但是作为旅游景区，这两方面又是游客衡量旅游地好坏的重要标准，因此要统筹兼顾。要建设生态宜居景区，把改善人居环境作为政府的重点工作，设立人居环境整治专项基金，针对农民最关心的厕所、村容村貌、垃圾等问题，及时采取措施解决问题。相应的，对于景区内部反映突出的生态问题也要制订整改方案，督促相关部门加紧落实。此外，还要建设乡风文明景区，加强社会主义核心价值观的培育和践行，以中华民族优秀文化引领乡村文化的方向，从根本上解决农民思想问题。

第三节 研究局限性及展望

本书发现，社会资本与地区旅游开发成果的关系受社区文化倾向的影响。尽管本书提出了理论上和实务方面的启示，但也显示了局限性。

一、研究方法的局限性

在社会资本的指标评价过程中，将社会资本分为团结型社会资本与桥梁型社会资本。进行这样分类的原因是两种类型的社会资本具有不同特征且作用不同。本书也发现，团结型社会资本比桥梁型社会资本对社区旅游开发成果的影响程度更大。将社会资本分为团结型社会资本与桥梁型社会资本的依据和标准是“关系网的强度和密度”，以这些集团成员之间的连接网为中心的社会资本没有包含更多的构成要素。

因此，在今后的研究中，不仅要考虑社会资本的不同类型，还要考虑社会资本的其他构成要素，并以对社区旅游开发成果的关系进行研究。例如，同时考虑社会资本的类型及结构性因素、价值共享等因素，考虑从属变量与自变量的关系，具有更深远的意义。

二、研究对象的局限性

本书分析了文化倾向在社会资本对旅游开发成果之间的影响中具有调节作用，为收集相关数据进行了问卷调查。中国是一个多民族国家，由汉族和55个少数民族组成。问卷调查对象选定被评为“中国乡村旅游示范点”的3个乡村，分别为山东省泰安市肥城市刘台村、新疆维吾尔族自治区喀什的园艺村和芒辛乡9村。在今后研究中，需要更多元化的少数民族样本参与进来。因此，今后的研究可以考虑到地区的特点，将更多的少数民族村庄选定为研究对象，为更加宏观的研究做出贡献。

三、研究范围的局限性

比较对象的局限性。通过文献研究发现，国家间、城市间、城乡间等多种比较对象的社会资本在形成水准及其影响力方面均存在差异，而这些差异产生的原因被解释为由于地区间存在文化差异。社区文化倾向的差异不仅在汉族与少数民族之间，还存在于国家之间、城市之间、城乡之间，本书比较对象为汉族与少数民族乡村旅游目的地，因此具有一定局限性。

在现有研究中，国家间、城市间、城乡间的社会资本水准有所差异，对从属变量的影响力也不同。因此在今后研究中，社会资本对社区旅游开发成果的影响，可以考虑地区的特性，进行国家间、城市之间、城乡之间的比较研究。

四、展望

由于本书掌握资料有限，仅从社会资本与旅游开发成果间的关系展开研究，并取得一定成果。但是目前，有些研究已经提出社会资本的先行变量，例如个人特性、社区网络参与度、服务活动满意度、人际关系等。但在本书中，只针对社会资本对旅游开发成果的影响，以及文化倾向在这个关系中的作用，而对于社会资本的先行变量没有做充分考虑。因此，今后的研究还需要考虑社会资本的先行变量，进一步深入展开研究，这将是本书未来研究的主要方向之一。

参考文献

一、中文参考文献

[1] 阿不力克木．不同民族文化对员工工作满意度影响的实证研究［D］．北京：清华大学，2006.

[2] 陈超群，胡伏湘．基于可持续生计的乡村旅游扶贫绩效研究——以长沙市为例［J］．东北农业科学，2019，44（5）：76－81.

[3] 陈莹盈，欧荔，郭歌，等．福建乡村旅游智慧化建设的影响因素及其阶段特征［J］．厦门理工学院学报，2019，27（4）：28－34.

[4] 陈依灵，李祎萌，曹锋．乡村振兴战略背景下农村乡村旅游绿色发展分析［J］．邵阳学院学报（自然科学版），2019，16（2）：101－108.

[5] 程昆，潘朝顺，黄亚雄．农村社会资本的特性、变化及其对农村非正规金融运行的影响［J］．农村经济问题，2006，27（6）：31－35.

[6] 丁湘城，左停．社会资本与农村发展：一个理论综述［J］．农村经济，2009（1）：98－101.

[7] 袁涓文．社会资本与农村发展探析：以贵州省为例[J]．农村经济与科技，2010（11）：53－55.

[8] 杜晓丽．转换大学生乡村创新创业新视角，助推乡村经济振兴发展策略研究［J］．产业创新研究，2020（10）：120－122.

[9] 胡昕．生态旅游对农户生计脆弱性影响评价：基于社会——生态耦合分析视角［J］．林业经济，2019，41（6）：77－82.

[10] 何有明．低碳乡村旅游驱动“美丽乡村”建设初探［J］．中国市场，2019（4）：53－54.

[11] 耿虹，李彦群．灾后重建的乡村社会关系新格局——基于成

都市乡镇的调查研究［J］．中国西部，2019（2）：11－23.

［12］高承海，安洁，万明钢．多民族大学生的民族认同，文化适应与心理健康的关系［J］．当代教育与文化，2011，3（5）：106－113.

［13］盖媛瑾，吴红梅．资本入村的社会困境与化解策略：基于一份新闻报道的解读——兼论外来企业与村落一体化发展［J］．贵州师范学院学报，2019，35（7）：41－46.

［14］李佳，田里．旅游精准扶贫对民族村落农户生计影响的比较——基于云贵民族村落的调查数据［J］．贵州民族研究，2020，41（3）：87－93.

［15］贺涵，李怀瑜，李碧莹，等．社会资本介入贫困地区乡村旅游发展的有效性公平性和可持续性［J］．农村经济与科技，2019，30（15）：103－105.

［16］李勇．少数民族大学生友谊观的跨文化比较研究［J］．Journal of Hulunbeier College，2013，21（1）．

［17］李资源．论少数民族传统道德与集体主义教育［J］．汉江论坛，2005，4（11）．

［18］刘传喜，唐代剑．双创背景下新农人乡村旅游创新活动类型、空间分布与影响因素——以浙江省为例［J］．江苏农业科学，2019，47（21）：44－49.

［19］刘欣，谢晗．文化新理念助推民族地区乡村旅游转型升级［J］．区域治理，2019（48）：75－77.

［20］路禹臻，窦一博．基于PPP投融资民宿振兴乡村旅游的方法创新及问题防治［J］．法制博览，2019（13）：60－61.

［21］罗文斌，孟贝，唐沛，等．土地整理、旅游发展与农户生计的影响机理研究：一个乡村旅游发展的实证检验［J］．旅游学刊，2019，34（11）：96－106.

［22］潘昕，张娇娇，刘怡然，等．精准扶贫背景下农户参与乡村旅游项目路径研究——基于可持续生计框架［J］．湖北农业科学，

2020，59（2）：194－200.

［23］隋明，张阳，荣加超，等．乡村振兴视野下农业生态旅游发展创新［J］．广东蚕业，2019，53（6）：62＋64.

［24］田辉，陈晓红．中外合资企业跨文化冲突与绩效关系实证研究：基于中国合资企业的数据［J］．系统工程，2007，27（10）.

［25］史振华．机会识别整合视角下休闲农业发展研究［J］．四川职业技术学院学报，2019，29（1）：10－15.

［26］王永静，胡露月．乡村旅游视角下农户生计资本对生计策略影响研究——基于重庆乡村旅游地农户调查数据［J］．生态经济，2020，36（3）：143－148＋196.

［27］王瑜，胡尹慧．乡村旅游资源与精准扶贫对接的机制及实现路径研究［J］．云南行政学院学报，2020，22（2）：12－16.

［28］王丽娜，高前善，杨玉红．创始人经营、社会资本与企业绩效［J］．财会月刊，2015（26）：9－15.

［29］魏艳，李保国，贾晶．乡村振兴战略下旅游带动脱贫策略研究——以南召县铁佛寺村为例［J］．湖北农业科学，2019，58（19）：41－44

［30］肖兰．Hofstede 文化测度下中国东西部的文化差异［J］．经济研究导刊．2008（12）：177－178.

［31］杨歌谣，周常春．农户禀赋对农户融入农产品供应链意愿及方式的影响——基于西南地区的农户调查［J］．中国农业资源与区划 2017，9（14）：1－8.

［32］朱进芳．实施乡村振兴战略需要防范的五个问题［J］．经济纵横，2019（3）：31－37.

［33］张栓云．少数民族大学新生学习适应问题及对策研究［D］．重庆：西南大学，2006.

［34］张琰飞，魏昕伊．精准扶贫视角下乡村旅游企业经营模式创新——基于多案例研究［J］．新疆财经，2019（5）：52－61.

[35] 叶兴庆．创新社会资本与农民的利益联结机制［J］．农村工作通讯，2019（9）：32.

[36] 朱爱武．新疆城镇汉族与主要少数民族消费行为差异研究［D］．石河子：石河子大学，2014.

二、英文参考文献

[37] Arndt，H W. Economic Development：The History of an Indea［J］．Review of Riligions Reasearch，1996，2（3）.

[38] Kieselbach，S. The Impact of Tourism Development toward Recreation and Tourism Development［J］．Journal of Travel Research，1998，31（4）：16－21.

[39] Adler，P S & Seok－Woo K. Social capital：Knowledge and Social capital：Foundation and Application，Boston［J］．Butterworkh － Heinemann，2002，6（2）：89－117.

[40] Alesina，A La Ferrara. Who Trusts Others？［J］．Journal of Public Economics. 2006，85（2）.

[41] Bigman，S K. Evaluating the Effectiveness of Religions［J］．Review of Riligions Reasearch. 1961，2（3）.

[42] Baker，W. The Social Structure of a National Securities Market. American［J］．Journal of Sociology，1984，89（7）：775－811.

[43] Bouridieu，P. The Forms of Capital. In J，Richardson（ed）．Handbook of Theory and Research for Sociology of Education［M］．NY：Greenwood.

[44] Brown，L D & Ashman，D. Participation，Social Capital and Intersectoral Problem Solving：African and Asian Case［J］．World Development. 2009，（5）23：1467－1479.

[45] Carol，K & Nancy，M & John，D. Built Capital as a Catalyst for Community－Based Tourism［J］．Journal of Travel Research，2019，

58 (6) .

[46] Baker, W. Achieving Sucess Thorouth Social Capital [M] . San Francisco: Association for Business Communication, 2003.

[47] Batjargal, B Social Capital and Entrepreneurial Performance in Russia: A Longitudinal Study [J] . Organization Studies, 2003, 24 (4): 535 – 556.

[48] Batjargal, B. & Liu M. Entrepreneurs'Access to Private Equity in China: The Role of Social Capital [J] . Organization Science, 2004 (15): 159 – 172.

[49] Beugelsdiik, S. Social Capital and Growth in European Regions: An Empirical Test. Europen [J] . Journal of Political Economy. 2007, 3 (21): 301 – 324.

[50] Babakus, E. Yavas, U & Haahti, A. Perceived Uncertainty, Networking and Export Performance: A Study of Nordis SMEs [J] . European Business Review, 2006, 18 (1): 4 – 13.

[51] Betton, S. Community Devdlopment through Tourism [M] . England: CSIRO Publishing. 2006.

[52] Coleman, J S. Social Capital in the Creation of Human Capital [J] . American Journal of Sociology, 1988 (2) 94: 95 – 120.

[53] Coleman, J S. Foundation of Social theory. [D] . Cambridge: Harvard University Press, 1990.

[54] Coleman, J S. Social Capital in the Creation of Human Capital [J] . American Journal of Sociology, 1998, 94 (43): 95 – 120.

[55] Coleman, J S. Social Capital and Capital Gains: An Examination of Social Capital in Silicon Valley [J] . California Management Review, 1999, 41 (2): 108 – 130.

[56] Dasgupta, P & Ismail, S. Social Captial: A Multifaceted Perspective [M] . Washington, USA: World Bank, 2000.

[57] Dhesi, A S. Social Capital and Community Development [D]. Oxford, UK: Oxford of University, 2000.

[58] Amrita, D & Lois M & Takahashi, A N. Social Capital, Networks and Community: Environments in Bangkok. Thailand [J]. Growth and Change. 2002, 33 (4): 453 – 484.

[59] Dmitri Wiliams. On and Off the Net: Scales for Social Capital in an Online Era [J]. Journal of Computer – Mediated Communication. 2006, 11 (2): 593 – 628.

[60] Evans, J & Mavondo, F T. Psychic Distance and Organizational Performance: An Empirical Examination of International Retailing Operations [J]. Journal of International Business Studies. 2002, 33 (3): 515 – 532.

[61] Fukuyama, F. Trust: The Social Virtues and the Creation of Prosperity [M]. New York: Free Press. 1996.

[62] Fukuyama, F. Social Capital, Civil Society and Development [J]. Thire World Quarterly, 2001, 22 (1): 7 – 20.

[63] Fukuyama, F. Social Capital and Development: The Coming Agenda [J]. SAIS Review, 2002, 22 (1): 23 – 37.

[64] Manuela, T. Social Capital and Economic Pevelopment: The Case of Uzbekistan [J]. Journal of International Business Studies. 2011, 33 (4): 125 – 137.

[65] Gudykunst, W & Yoon, Y C & Nishida, T. The Influence of Individualism – Collectivism on Perceptions of Communication in In – Group and Out – Group Relationships [J]. Communication Monographs. 2007, 54 (3): 295 – 306

[66] Granovetter, M. The Strength of Weak Ties [J]. American Journal of Sociology. 1973, 78 (12): 360 – 380.

[67] Gabay, S. Social Capital in the Creation of Financial Capital: The

Case of Network Marketing [J] . SAIS Review, 2002, 22 (1): 23 -37.

[68] Hofstede, G. Culture' s Consequences: International Differences in Work Related Values [M] . Beverly Hills CA: Sage Publications. 1981.

[69] Hui, C H. Measurement of Individualism - Collectivism [J] . Journal of Research in Personality, 1988 (22): 17 -36.

[70] Hofstede, G. Cultures and Organizations: Soft Ware of the Mind" [M] . New York: McGraw - Hill, Inc 1980.

[71] Jing Han & Daniel J Brass. Human Capital Diversity in the Creation of Social Capital for Team Creativity [J] . Journal of Organizational Behavior, 2014, 35 (1) .

[72] James, H. Tiessen. Individualism, Collectivism, and Entrepreneurship: A Framework for International Comparative Research [J] . Journal of Business Venturing, 1997, 12 (5) .

[73] Jae Min Jung & James, J. Kellaris. Cross National Differences in Proneness to Scarcity Effects: The Moderating Roles of Familiarity, Uncertainty Avoidance, and Need for Cognitive Closure [J] . John Wiley & Sons, Ltd, 2004, 21 (9) .

[74] Fernando, J & Jay, P M & Greg, W M. A Meta - Analysis of the Relationship between Organizational Commitment and Salesperson Job Performance: 25 Years of Research [J] . Journal of Business Research, 2003, 58 (6) .

[75] Leung, K. Some Determinants of Conflict Avoidance [J] . Journal of Cross - Cultural Psychology, 1988 (19): 125 -136

[76] Larsen, L & Harlan S L. Bonding and Bridging: Understanding the Relationship between Social Capital and Civic Action. [J] Journal of Planning Education and Research, 2004 (24): 64 -77.

[77] Lin, J. Can Guanxi Be a Problem? Contexts, Ties and Some Unfavorable Consequences of Social Capital in China [J] . Asia Pacific Journal

of Management, 2008, 27 (3): 561 –581.

[78] Markus, H R & Kitayama, S. Culture and the Self: Implications for Cognitio Emotion and Motivation [J] . Psychological Review, 1991 (98): 224 –254.

[79] Money, R B & Crotts, J C. The Effect of Uncertainty Avoidance on Information Search, Planning, and Purchases of International Travel Vacations [J] . Tourism Management, 2002 (24): 191 –202.

[80] Mousa Aazami & Karwan Shanazi. Tourism Wetlands and Rural Sustainable Livelihood: The Case from Iran [J] . Journal of Outdoor Recreation and Tourism, 2020, 30 (2) .

[81] Morosini, P & Shane, S & Singh H. National Cultural Distance and Cross – Border Acquisition Performance [J] . Journal of International Business Studies, 2016, 29 (1): 137 –158.

[82] Newwan, K L & Nollen, S D. Culrute and Congruence: The Fit between Management Practices and National Culture [J] . Journal of International Business Studies, 1996, 27 (4): 753 –779.

[83] Nahapiet, J & Ghoshal, S. Social Capital, Intellectual Capital, and the Organizational Advantage [J] . Academy of Management Review. 1998,. 23 (2): 242 –265.

[84] Olson, M. The Rise and Decline of Nations: Economic Growth, Stagflation, and Social Rigidities [J] . Revue Francaise de Socioloqie, 1982, 24 (3): 582 –586.

[85] Putnam, R. Making Democracy Work: Civic Traditions in Modern Italy [M] . Princeton, New Jersey: Princeton University Press, 1993.

[86] Putnam, R. Tuning in Tuning Out: The Strange Disappearance of Social Capital in America [J] . Political Science & Politics, 1995 (28): 664 –683.

[87] Putnam, R. Bowling Alone: The Collapse and Revival of Ameri-

can Community [M] . New York: Simon & Schuste, 2009.

[88] Poortinga, W. Social Relations or Social Capital? Individual and Community Health Effects of Bonding Social Capital [J] . Social Science & Medicine, 2006, 63 (1): 255 -270.

[89] Ringov, D & Zollo, M. The Impact of National Culture on Corporate Social Performance, Corporate Governance [J] . The International Journal of Business in Society, 2007, 7 (4): 476 -485.

[90] Reimann, M & Lünemann U F & Chase R B. Uncertainty Avoidance as a Moderator of the Relationship between Perceived Service Quality and Customer Satisfaction [J] . Journal of Service Research, 2008, 11 (1): 63 -73.

[91] Quintal, V A & Lee, J A & Soutar G N. Tourists´Information Search: the Differential Impact of Risk and Uncertainty Avoidance [J] . International Journal of Tourism Research, 2010 (12): 321 -333.

[92] Schwartz, B. The Battle of Human Nature: Science, Morality and Modern Life [M] . New York: Norton, 2010.

[93] Schwartz, S H. Individualism - Collectivism: Critique and Proposed Refinements [J] . Journal of Cross - Cultural Psychology, 1990 (21): 139 -157.

[94] Sinha, D & Tripathi, R C. Individualism and Collectivism: Theory, Method and Applications [J] . Thousand Oaks, CA, Sage, 1994, 4 (13): 123 -136.

[95] Shane, S. Uncertainty Avoidance and the Preference for Innovation Championing Roles [J] . Journal of International Business Studies, 1995, 26 (1): 47 -68.

[96] Scott, J. Social Network analysis: A Handbook (2ed) . [M] . Thousand Oaks, Ca: Sage, 2000.

[97] Scott, A J & Storper, M. Regions, Globalization, Develop-

ment [J] . Regional Studies. 2003 (37): 579 -593.

[98] Sjoerd B. Bridging and Bonding Social Capital: Which Type Is Good for Economic Growth? [J] . Journal of International Business Studies, 1995, 26 (1): 47 -68.

[99] Manuel J. Sánchez - Franco & Francisco J. Martínez - López. Exploring the Impact of Individualism and Uncertainty Avoidance in Web - Based Electronic Learning: An Empirical Analysis in European Higher Education [J] . Computers & Education, 2008, 52 (3) .

[100] Charles Steinfield & Joan Morris DiMicco. Bowling Online: Social Networking and Social Capital within the Organization. Proceeding of the Fourth International Conference on Communities and Technologies. [J] . 2009, 4 (27): 245 -254.

[101] Steven W. Bradley & Jeffery S. McMullen, Kendall Artz, Edward M. Simiyu, Capital Is Not Enough: Innovation in Developing Economies [J] . Journal of Management Studies, 2012, 49 (4): 784 -717.

[102] Stam, W & Arzlanian, S & EToming, T. Social Capital of Entrepreneurs and Small Firm Performance: A Meta - Analysis of Contextual and Methodological Moderators [J] . Journal of Business Venturing, 2014, 5 (32): 152 -173.

[103] Triandis, H C & Leung, K & Clack, F L. Allocentric Versus Idiocentric Tendencies: Convergent and Discriminant Validation [J] . Journal of Research in Personality, 1985 (19): 395 -415.

[104] Triandis, H C & Lucca, N. Individualismand Collectivism: Cross - Cultural Perspectives Self - Ingroup Relationships [J] . Journal of Personality and Social Psychology, 1988 (54): 323 -338.

[105] Triandis, H C & Mc Cusker C. & Hui, C. H. Multimethod Probes of Individualism and Collectivism [J] . Journal of Personality and Social Psychology, 1990, 59 (5): 1006 -1020.

[106] Poole, G. Individualism and Collectilism as Considerations in Cross – Cultural health reseach [J]. Faculty of Education, Simon Fraser University. 1995, 135 (1): 97 – 120.

[107] Triandis, H C. Individualism and Collectivism [M]. Colorado: Westview Press, 1995.

[108] Taylor, G. The Community Approach,; Does If Really Work? [J] Tourism Management, 1995, 16 (7): 489 – 499.

[109] Ting, L Y. In – Group Preference and Homogeneity Among African American and Chinese American Students [J]. Journal of Social Psychology, 1993, 133 (2): 225 – 235.

[110] Tsai W & Ghoshal, S. Social Capital and Value Creation: The Role of Intrafirm Networks [J]. The Academy of Management Journal, 1998, 41 (4): 464 – 476.

[111] Uzzi, B. The Sources and Consequences of Embeddedness for the Economic Performance of Organization [J]. American Sociological Review, 1996, 61 (4): 674 – 698.

[112] Walter, I. Introduction to Regional Science [M]. New Jersey: Prentice – Hall, 1975.

[113] Willis, C L. Definitions of Community, Ⅱ: An Examination of Definitions of Community Since 1950 [J]. Southern Socioogist, 1977 (1): 14 – 19.

[114] Wagner, J A. Studies of Individualism – Collectivism: Effects on Cooperation in Groups [J]. Academy of Management Journal, 1995, 38 (1): 152 – 172.

[115] Wilson, P A. Building Social Capital: A Learning Agenda for the Twenty – First Century′ [J]. Urban Studies, 1997, 34 (56): 745 – 760.

[116] Woolcock, M. Social Capital and Economic Development Toward a Theoretical Synthesis and Policy Famework [J]. Theory and Society,

1998, 27 (2): 151 – 208.

[117] William, S F & Thanh H T. Entrepreneurial Orientation, Uncertainty Avoidance and Firm Performance: An Analysis of Thai and Vietnamese SMEs [J]. The International Journal of Entrepreneurship and Innovation, 2003, 4 (1): 46 – 58.

三、韩文参考文献

[118] 江成浩，江夏英，等．关于建立合作关系的重要国家文化因素的研究 [J]．观光学研究，2011，25 (2)：21 – 38.

[119] 江仁宰．对地方自治团体综合财政信息系统的构筑的评价 [D]．韩国行政学会学术大会发表论文集，2005，32 (12)：17 – 35.

[120] 高英子，李完政．幼儿教师的个人主义—集合主义倾向：为增进幼儿和教师权利的工作研究 [J]．儿童管理研究，2006，10 (1)：1 – 22.

[121] 具惠英，沈贞淑．江原地区农村青少年社会资本影响因素研究 [J]．青少年文化论坛，2004，39：7 – 40.

[122] 金锡曹．网络社交媒体和长期社会资本：韩国和美国大学生的桥梁型与团结型社会资本 [J]．韩国媒体报，2009，24 (5)：9 – 46.

[123] 金景植，崔成宝，等．社会资本和学校适应的关系研究：以家庭、学校、地区社会内的社会资本为中心 [J]．教保教育，2009，25 (2)：60 – 83.

[124] 金南朝，文成民．以均衡成果表（BSC）为基础的成果评价模型开发：以绿色农村体验村为对象 [J]．观光学研究，2007，31 (3)：97 – 116.

[125] 金尚钱．韩国、美国对社会制度信任的因果结构的比较研究：团体参与和社会支持的媒介效果分析 [J]．国际地域研究，2006，15 (3)：125 – 159.

[126] 金善赫，申东烨．韩国电影的不确定性应对战略和票房成

果［J］. 战略经营研究，2001，14（2）：1－28.

［127］金英，郑奎植，等. 城市再生事业的本地化管理对社会资本的影响：基于昌原市马山合浦区的研究［J］. 韩国地域开发学会，2013，25（2）：43－70.

［128］金恩实，白允政. 积极心理资本、社会资本与个人创新性关系［J］. 组织与人事管理研究，2014，38（1）：93－122.

［129］金日锡，郭贤根. 社区居民组织类型社会资本分布的探索性研究［J］. 韩国地区开发学会志，2007，19（4）：51－178.

［130］金载勋. 新职员的个人主义—集体主义倾向对组织有效性的影响：基于个人—组织价值的一致性和支持性领导力的调节效果［J］. 领导研究，2014，5（2）：99－132.

［131］金泰俊，赵英河，等. 基于地区人力资源开发视角的社会资本测定及形成战略的国际比较研究［J］. International Journal of Adult，2006，9（3）：145－185.

［132］金孝日，权基勋，等. 社会资本和风险企业的出口成果［J］. 贸易学会，2012，37（5）：477－502.

［133］罗熙恩，李美兰，等. 根据大学生的个人主义—集体主义价值取向的多文化接受性研究［J］. 观光研究，2014，8（2）：227－255.

［134］南秀晶. 费者个人主义倾向、集体主义倾向与消费价值对消费自我调节的影响［J］. 消费文化研究，2007，10（3）：59－86.

［135］卢勇浩，赵光溢，等. 利用 AHP 的农村观光村事业成果指标开发：以农村传统主题村为中心［J］. 韩国观光学研究，2006，30（4）：191－209.

［136］马德勇. 社会资本、民主主义和管理：国家层面上的多国比较研究［J］. 韩国政治研究，2009，18（1）：169－193.

［137］文成民. 社区旅游开发中的利益集团之间的信任和沟通关系［D］. 首尔：汉阳大学，2008.

［138］文惠昌，郑镇爕. 基于文化和经济成果的经济发展阶段的战

略研究：OUI 模型和实证分析 [J]．国际经营研究，2007，18（1）．

[139] 朴胜关．关于社会资本对 SNS 关系利用的影响的研究[J]．Speech & Communication，2009（22），

[140] 朴顺美．组织的社会资本对创造新知识资本的影响人力资源开发研究 [J]．人力资源开发研究，2000，2（1）：71－203.

[141] 朴永顺．社会资本在农村旅游村对居民团结和生活质量满足的影响 [D]．首尔：京畿大学，2008.

[142] 朴永顺·高东完．在社会资本在乡村旅游中对居民和谐及生活品质产生的影响分析 [J]．观光学研究，2009，34（8）：33－55.

[143] 朴钟勋．以结果为中心的成果测定及成果管理体制研究[J]．韩国行政研究，1998（4）：123－156.

[144] 朴熙奉．社会资本理论的论点和研究倾向 [J]．政府学研究，2002，8（1）：5－44.

[145] 朴熙奉，金明焕．地区社会社会资本和管理能力：基于首尔瑞草区和京畿抱川郡居民的认识的实证研究韩国行政学报 [J]．韩国行政学报，2000，3（4）：175－196.

[146] 朴熙奉，李熙昌．对生活满足度影响因素的比较分析——基于经济和社会因素 [D]．韩国行政论集，2005，17（3）：709－728.

[147] 朴熙奉，李熙昌．社会资本对国家竞争力的影响 [J]．韩国政策科学学会报，2010，14（4）：1－29.

[148] 朴熙奉，李熙昌，等．社会资本和政治参与：基于韩、中、日三国首都圈居民的意识调查分析 [J]．韩国政策科学学会报，2005，9（4）：547－575.

[149] 白成益．社区开发接近社会教育 [J]．区域开发研究，1992，1（1）：161－173.

[150] 庄炫道．对社会资本与知识共享关系的研究 [J]．大韩经济学会，2015，28（1）：141－158.

[151] 素振光．基于地区社会开发理论的形成个人社会资本的积

累［J］．地域社会开发研究，1999，24（1）：29－47.

［152］素振光，宋泰秀，等．根据地区特性开发社会资本测定指标［J］．首尔：绿树林出版社，2006.

［153］宋景在．市民社会、民主主义和社会资本：以韩国和菲律宾为中心［J］．亚太研究，2008，15（2）：141－162.

［154］宋景在．地球化时代的地区社会资本（local social capital）：基于釜山和光州广域市的实证分析［J］．人文社会学研究，2013，40.

［155］申东烨．组织间合作网络与信赖基础型支配结构：企业之间的组织间合作网络中企业成果的决定因素［J］．战略经营研究，2002，5（2）：49－84.

［156］申贤玉．南北民族文化象征统合方案研究［J］．文化艺术内容2008，15（27）：285－316.

［157］吴胜恩．居民自治中心活性化对社会资本的影响：基于回归分析的实证研究［J］．现代社会和行政，2012，22（2）：65－90.

［158］刘熙春，张美惠，等．社会资本：理论和争论焦点［M］．首尔：首尔图书出版，2003.

［159］尹成俊．社会资本效应网络化处理：基于桥梁型与团结型社会资本［J］．e—商业研究，2012，14（1）：203－224.